Günter Wensky

# ABENTEUER SCHOTTLAND

## Eine Reise mit Motorrad und Zelt

Reiseerzählung mit vielen Fotos

# Impressum

www.tredition.de

Günter Wensky

ABENTEUER SCHOTTLAND

Eine Reise mit Motorrad und Zelt



Text,Umschlaggestaltung,
und Illustration: Günter Wensky
Umschlagfoto entstand am Struie Hill


Verlag: tredition GmbH, Hamburg
ISBN: 978-3-8491-2469-4
Printed in Germany

Günter Wensky

# ABENTEUER SCHOTTLAND

# Inhaltsverzeichnis

# Übersichtskarte

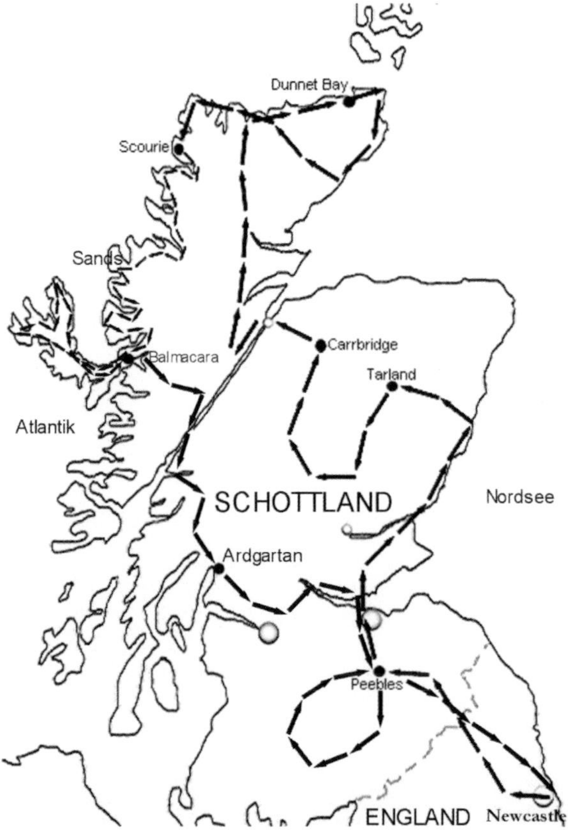

# Heidelberg - Brüggen

27. Mai 2012

333 km

morgens bei Abfahrt Regen, 19° C

mittags bei Ankunft sonnig, 26° C

Kurze Rast an der A 61

Mein Blick gleitet zu einem kurzen Check über die Anzeige-Instrumente: Benzinstand okay, Motortemperatur okay, alle Warnleuchten sind aus, Licht ist an. Der Motor klingt wie immer. Zum x-ten Mal für heute ertaste ich mit der linken Hand Geldbeutel, Handy und Fotoapparat in den Taschen meiner Motorradjacke. Alles ist da und in bester Ordnung, es besteht kein Grund zur Sorge.

Das lange Warten auf den Beginn dieser Reise hat nach Monaten der Vorfreude nun sein Ende gefunden und die Tour endlich begonnen. Der Abschied von den Lieben zu Hause war leider für alle etwas bedrückend. Die Kinder waren traurig, dass ich erst in drei Wochen wieder zurückkommen würde, meine Frau und ich verabschiedeten uns in dem Bewusstsein, dass jede Motorradreise mit einem gewissen Risiko behaftet ist. Aber ich fahre dennoch mit der Gewissheit, dass mir alle drei die Fahrt gönnen und von Herzen schöne Erlebnisse wünschen.

Und nun bin ich unterwegs nach Schottland, auf meiner ersten großen Tour mit dem Motorrad. Auch fahre ich heute zum ersten Mal eine verhältnismäßig lange Autobahn-Etappe. Das habe ich sonst immer nach Möglichkeit vermieden und bin lieber auf gemütliche Land- und Bundesstraßen ausgewichen. Meine früheren Motorräder mit Hubräumen bis 650 ccm waren für längere Autobahnfahrten auch nicht unbedingt geeignet. Hohe Drehzahlen, unruhiger Geradeauslauf und zappelige Reaktionen auf Windböen waren schlechte Voraussetzungen für entspanntes Fahren.

Das änderte sich mit dem Kauf der BMW R1150RT vor ein paar Monaten. Nachdem ich mich mit der relativ großen Maschine vertraut gemacht und das Handling geübt hatte, immerhin ist sie im Vergleich zu ihren Vorgängerinnen schon ein dicker Brocken, wagte ich mich auch an einige Autobahn-Test-Kilometer. Das war schon etwas anderes! Der Unterschied zu den „Kleinen“ war mehr als deutlich. Die RT hat zwar auch große Windangriffsflächen, aber dem Wind auch ein ganz anderes Gewicht entgegen zu setzen und sie lässt sich nicht so schnell aus der Ruhe bringen. Gewöhnliche Spurrillen lassen sie völlig kalt. Im sechsten Gang, der als Overdrive ausgelegt ist, kommen vom Motor so gut wie keine störenden Vibrationen durch und schon gar keine Hektik oder angestrengtes, hochtouriges Kreischen, wie bei den anderen.

Dennoch blieb es bisher auch mit der „Großen“ jeweils nur bei kurzen Autobahnabschnitten bis zur nächsten Ausfahrt. Die Unsicherheit steckte mir wohl doch noch tiefer in den Knochen, als ich eingestehen wollte.

So ließ ich also diesen ersten Teil der Schottland -Tour, die Anfahrt nach Amsterdam, zwar zuversichtlich, aber dennoch sehr gespannt auf mich zukommen. Ich wusste ja, dass die RT sich auf der Autobahn wohlfühlen würde und vertraute darauf, es auch bald zu können.

Nun bin ich seit etwa einer Stunde unterwegs und schon nach kurzer Eingewöhnungszeit mit mir und der Situation im Reinen. Alle Anspannung ist verflogen.

In meinem Rücken spüre ich die große, graue Gepäckrolle, auf die noch die Zelttasche aufgeschnallt ist, quer auf dem Rücksitz liegen. Leicht lehne ich mich dagegen und entspanne bewusst die Muskulatur. Meine Hände liegen locker auf den Griffen auf. Die RT ist voll beladen und erweckt allein schon durch ihr Aussehen den Eindruck, der LKW unter den Motorrädern zu sein. Sie fühlt sich trotzdem sehr sicher und ruhig an und verlangt kein allzu kräftiges Zupacken. Mit mäßiger Geschwindigkeit um 120 km/h gleitet sie dahin. Locker und entspannt zieht sie ihre Bahn und frisst Kilometer um Kilometer. Das ist ihre Stärke, dafür wurde sie gebaut. Mit ganz hochgefahrenem Windschild sind die lästigen Windgeräusche im Helm auf ein Minimum reduziert und stören mich nicht mehr im Geringsten. Der tiefe, breite Sitz aus dem Programm eines Zubehör-Spezialisten trägt seinen nicht unerheblichen Teil dazu bei, das Wellness-Programm zu vervollständigen. „Easy-Going" auf dem Highway A61 zwischen Koblenz und Köln. Bei bedecktem Himmel und wohltuenden 19° Celsius könnte das Fahren nicht angenehmer sein. In meinem Kopf findet sich schon jetzt keine Spur mehr von der alten Autobahn-Angst.

Bei der Abfahrt heute am späten Morgen, von meinem Zuhause in der Nähe von Heidelberg, regnete es, wie es sich für eine echte Schottland-Reise gehört. Ein bisschen hat es mich sogar gefreut, dass mein Abenteuer so begann. Das war ein angemessener Anfang für diese Durch-Dick-und-Dünn-Tour. Passenderweise konnte ich so auch schon ein wenig Routine darin erwerben, bei Nässe zu fahren. Die würde ich, im bekanntermaßen regnerischen England ganz sicher noch gut gebrauchen können. Aber zum Glück war es kein allzu starker Regen, der nach etwa 20 km Fahrt auch schon wieder aufhörte. Bisher war ich nur selten bei Nässe unterwegs, deshalb fehlt mir einfach die Übung und Sicherheit auf nassen Straßen. Oft neigen unerfahrene Fahrer dazu, bei schlechtem Wetter verkrampft und „spitzärschig" zu fahren. Das unterbricht jedoch den Fluss feiner motorischer Informationen vom Motorrad zum Piloten und führt tatsächlich dazu, dass er schlechter fährt und die Gefahr durch seine Anspannung selbst erhöht. Das sagt die Theorie. Deshalb bemühe ich mich in solchen Situationen, nicht angespannt drauf, sondern entspannt „drin" zu sitzen. Oft gelingt es mir und das Fahren fühlt sich dann auch tatsächlich kontrollierter an.

Mittlerweile ist das Wetter aber wieder schön, der Himmel strahlend blau, und mir wird ziemlich warm in den Klamotten, die in Erwartung des schottischen Wetters etwas dicker als hier nötig ausgefallen sind.

Mit den Sonnenstrahlen kommen auch einige „Gebückte" mit tiefen Lenkern auf ihren Sportmotorrädern auf die Autobahn, um ihre Kisten auszufahren. Mit Geschwindigkeiten teilweise deutlich jenseits der 200 km/h schießen sie an mir vorbei. Unbeirrt bleibe ich jedoch mit meinem kleinen Transportunternehmen auf der rechten Spur.

„Viel Glück, Jungs! Kommt gut nach Hause!"

Ungefähr bei Bonn biege ich auf einen Parkplatz ab, um eine kleine Pause zu machen. Kurz darauf stehe ich da, halte eine Cola in der Hand und genieße einen langen Blick auf die RT. Lässig auf den Seitenständer gelehnt, mit großem Gepäck auf dem Rücken, strahlt sie etwas aus, das nach Weltreise und unglaublichem Abenteuer schmeckt. Leider ist sie noch zu sauber, um wirklich authentisch zu wirken. Das wird sich in den nächsten Wochen sicher ändern. Einen Namen sollte sie noch bekommen, die Dicke. Wie wäre es mit Bertha?

Die Temperaturen im Sonnenschein steigen unbarmherzig an, und in meinen Motorradsachen rinnt mir der Schweiß den Rücken hinab. In der Jugendherberge werde ich die verschwitzte Funktionsunterwäsche schon zum ersten Mal auf dieser Reise waschen müssen. Und das wärmende Winterfutter, das ich schon für die kühlen Temperaturen in Schottland eingeknöpft habe, kommt natürlich auch wieder aus dem Anzug heraus.

Nach dem Kreuz Mönchengladbach bleibe ich noch ein kurzes Stück auf der A52, um bei Niederkrüchten die Autobahn zu verlassen und die letzten zehn Kilometer in Angriff zu nehmen.

In Brüggen angekommen, tanke ich die RT für morgen voll und lasse mich vom Navi zur sehr schön im Wald gelegenen Jugendherberge leiten. Dort überquere ich den Parkplatz und fahre bis direkt vor den Eingang, damit ich mein unhandliches Gepäck nach dem Einchecken nicht so weit schleppen muss.

Im kühlen Schatten der Bäume vor der Eingangstür sitzen in einer hölzernen Sitzgruppe zwei Frauen, die sonst offenbar, nach ihrer Kleidung zu urteilen, in der Küche arbeiten und sich jetzt eine Pause gönnen.

Ich sage, dass ich ein Bett für eine Nacht gebucht habe. Unbeeindruckt zeigen sie mit ihren Zigaretten in Richtung Rezeption und raten mir, dort danach zu fragen, womit sie natürlich recht haben.

Der junge Mann, der kurz darauf am Empfangstresen erscheint, zeigt für meinen Wunsch allerdings ebenso wenig Verständnis wie die Damen draußen. Für heute erwarte er keine weiteren Gäste mehr, das Haus sei ohnehin voll belegt. Glücklicherweise habe ich den Ausdruck der Buchung dabei und kann ihm schwarz auf weiß zeigen, dass ein Zimmer bereits seit einem halben Jahr für mich reserviert sein sollte. Insgeheim erwäge ich jedoch schon die Möglichkeit, in dem Waldstück, das die Jugendherberge umgibt, mein Zelt aufzuschlagen.

Nach einer kleinen Ewigkeit hat er schließlich eine Lösung gefunden, die darin besteht, mich in einem Nebengebäude unterzubringen, das dem Komfort des Haupthauses angeblich in nichts nachsteht. Allerdings muss ein Badezimmer mit Dusche und WC ohne Geschlechtertrennung für vier oder fünf Zweibett-Zimmer ausreichen. Damit bin ich einverstanden und zufrieden. Zweifellos wird mein Lebensstandard in den nächsten Wochen deutlich unter diesem Luxus liegen.

Ich habe mittlerweile schon in vielen Jugendherbergen übernachtet und war immer sehr zufrieden mit der Ausstattung und dem Service. Die kleine Panne hier in Brüggen beeinträchtigt meine positive Einstellung zu dieser Art, unterwegs günstig und bequem zu Wohnen, keineswegs.

Das Zimmer liegt im Schatten der nahe stehenden Bäume und ist erfrischend kühl. Zwei Betten, ein Schrank und ein Waschbecken, ich finde die Einrichtung vollkommen ausreichend.

Nachdem mein Gepäck ziemlich wahllos im Zimmer verteilt ist, bringe ich noch die RT auf den Parkplatz und achte darauf, dass alles gut verschlossen ist. Werkzeug, Campingküche und Regensachen bleiben in den Packtaschen. Im Zimmer brauche ich sie nicht.

Danach beziehe ich mein Bett und reiße mir dann förmlich die luft- und wasserdichten Motorrad-Klamotten vom Leib. Die vom Schweiß nasse Funktionswäsche verströmt das Aroma von Freiheit und Abenteuer und landet deshalb sofort im Waschbecken. Von wegen, atmungsaktiv! Noch bevor ich mich selbst auf den Weg zur Dusche mache, wasche ich die Unterwäsche mit Duschgel und hänge sie dann im Fenster meines Zimmers zum Trocknen auf.

Etwas später liege ich frisch geduscht und etwas vom Klima-Membran-Saunagang erholt in Jeans auf dem Bett und denke bereits über den Tag nach, der noch nicht einmal zu Ende ist.

Die Autobahnfahrt hat mir gar nichts ausgemacht. Im Gegenteil, sie hat mir sogar sehr gefallen. Es scheint also wirklich nur auf das richtige Motorrad anzukommen. Morgen fahre ich die zweite Etappe meiner Anreise nach Amsterdam ebenfalls über die Autobahn und ich freue mich schon darauf.

Inklusive kleiner Pausen lag der Schnitt bei etwa 100 km/h, damit lässt sich gut planen. Die heutige Etappe von 333 km schien mir fast zu kurz gewesen zu sein, 500 km oder mehr pro Tag sollten in Zukunft kein Problem mehr darstellen. Es läuft wesentlich besser, als ich es mir vorgestellt hatte. Meine Planung berücksichtigte allerdings auch, dass es hätte durchgängig regnen können und dann wären vielleicht die 333 km an der Grenze dessen gewesen, was noch Spaß gemacht hätte, oder sinnvoll gewesen wäre.

Also, alles in allem ist dies bisher ein ausgesprochen schöner, gelungener Tag. Ich bin unterwegs auf der Reise, der ich schon mehr als ein halbes Jahr entgegenfiebere und die mein Denken oft mehr beanspruchte, als ich es für möglich gehalten hätte. Hin und wieder waren meine Gedanken durchaus mehr bei der Tour, als es noch angemessen gewesen wäre. Die Planung machte großen Spaß und jeder Schritt schien mich der Erfüllung meiner hohen Erwartungen an „Die Tour“ näher zu bringen. Nun bin ich gespannt darauf, was alles geschehen wird. Was erwarte ich denn eigentlich von der Reise, die ich heute beginne?

Ich erinnere mich an die Situation, als ich meiner Mutter erzählte, ich würde in diesem Jahr eine Motorrad-Tour nach Schottland unternehmen und sie mich unbeeindruckt fragte: „Warum?“ Diese einfache wie direkte Frage verschlug mir erst einmal die Sprache.

Sollte ich über das Wesen eines Mannes um die Fünfzig philosophieren, oder die Lust daran, sich unbekannten Herausforderungen zu stellen? Oder trommeln, ein Mann müsse eben tun, was ein Mann tun muss? Oder, was durchaus einer der wichtigsten tatsächlichen Beweggründe sein kann, um das Bedürfnis nach Ruhe und Einsamkeit zu stillen? Welche Motive mögen es sonst noch sein, die mich zu dieser Reise animieren?

Eine Zeit lang hatte ich wirklich das Gefühl, als frisch gebackener Fuffi, als echter Fünfziger, ein bisschen Resümee ziehen zu müssen und das bisher verbrachte Leben gewissermaßen von der anderen Seite der Fünfzig aus zu betrachten und zu bewerten. Die bevorstehende Fahrt in die Einsamkeit, so hoffte ich, würde mir optimale Gelegenheiten geben, all dies zu tun und gegebenenfalls einige meiner Standpunkte neu zu bestimmen.

So gibt es sicher Unmengen ehrenwerter Hoffnungen und Beweggründe, eine Reise in die Einöde und vielleicht zu sich selbst zu wagen. Aber mein Antrieb sind nicht nur derart philosophische Überlegungen, sondern, um ehrlich zu sein, erhoffe ich mir eine einzigartig schöne Tour mit meinem Motorrad. Ich will fahren bis zum Abwinken und mich fühlen, als befände ich mich auf einer Abenteuerreise um die Welt! So einfach ist das und so schwierig, wenn man in allem einen tieferen Sinn finden möchte.

Vielleicht wird mich diese Reise zum echten Tourenfahrer machen. Trotz etlicher Fahrten durch Deutschland, die jeweils bis zu einer Woche dauerten, unterscheidet mich etwas Entscheidendes von den Jungs, deren Reiseberichte ich regelmäßig geradezu mit Heißhunger verschlinge. Meine bisherigen Touren waren keine Abenteuer, und das ist für mich zwingend erforderlich, um sich als echten Tourenfahrer betrachten zu können. Echte Tourenfahrer stürzen sich nämlich ins Unbekannte und trotzen allerlei Gefahren und Unwägbarkeiten. Sie behalten dabei den Blick immer nach vorne gerichtet und bestehen unsagbar spannende Abenteuer, jagen mit den Füßen nach vorne dem Abgrund entgegen. Okay, vielleicht etwas zu pathetisch, das machen wirklich nur ganz wenige, aber immerhin sollte die Fahrt etwas haben, das sie vom behüteten Pauschaltourismus und geführten Motorradtouren mit Alles-wird-gut-Garantie unterscheidet.

Meine angestrengte Suche nach einem geeigneten Ziel für diese Tour, führte zu dem Ergebnis, dass Schottland eines der wenigen Länder in Europa zu sein scheint, wo man sich noch als Lonesome Rider fühlen kann, während man auf dem Bike durch endlose, einsame Landschaften reitet. Das versprach doch wenigstens eine Spur von Abenteuer in sich zu bergen. Strenges unwirtliches Klima, wunderschöne Landschaften in völliger Abgeschiedenheit, wenige Einwohner, die aber mit außergewöhnlichem Brauchtum und die Tatsache, dass Schottland nicht gerade vom Massentourismus heimgesucht wird, machten es für mich unwiderstehlich interessant.

Erst im Laufe der konkreten Reisevorbereitungen wurde deutlich, wie viel Sehens- und Wissenswertes Schottland tatsächlich zu bieten hat. Nun bin ich echt froh, diese Wahl getroffen zu haben und wahnsinnig darauf gespannt, das alles zu sehen, was ich mir vorgenommen habe.

Voller Hoffnung auf eine tolle Fahrt und gut gelaunt laufe ich anschließend noch durch den Wald um die Jugendherberge und genieße die frische Luft.

Ein kurzes Telefonat mit meinen Lieben zu Hause beendet schließlich auch das immer wieder aufkommende innere Selbstgespräch, ob diese Reise nicht doch etwas zu egoistisch motiviert ist. Ein Anflug von schlechtem Gewissen auf dem Weg hierher ließ sich nämlich auch von den vernünftigsten Argumenten nicht immer vertreiben. Nun sind aber, wie es scheint, meine Mädels wieder prima drauf und alles ist gut, so wie es ist.

Zur Wiedergutmachung des kleinen Missgeschickes bei der Buchung bekomme ich ein leckeres warmes Abendessen, das mir in einem ländlich eingerichteten Esszimmer abseits der großen Speisesäle serviert wird. Welch ein Service!

Nach dem guten Essen rundet ein genüsslicher Spaziergang durch die fast schon norddeutsch anmutende Gegend und den nahe gelegenen Ort mit den, für diesen Landstrich typischen, Backsteinhäusern den Tag ab.

# Brüggen - Amsterdam / IJmuiden

28. Mai 2012

240 km

Start: Sonne, 19° C

Unterwegs: Sonne, 26° C

Hafen: Nebel, 16° C !!!

Kajüte auf der King Seaways

Am nächsten Morgen nehme ich mein Frühstück ebenfalls im VIP-Bereich ein. Vermutlich ist dies der Speisesaal für die Aufsichtskräfte. Aber ich bin der Einzige im Raum und trinke fast eine ganze Kanne Kaffee alleine, selbst wenn die Gefahr besteht, dass ich deshalb unterwegs richtig viele Pausen werde einlegen müssen. Wie der Kaffee auf der Insel schmecken wird, weiß ich nicht, in meiner Campingküche jedenfalls befindet sich nur Instant-Kaffee. Sicher kein Vergleich zu diesem hier, denn der schmeckt wirklich prima.

Mein Gepäck ist bereits in den Taschen verstaut und liegt schon fertig zur Abreise im Zimmer. Viel habe ich für diese eine Übernachtung nicht gebraucht und so war ich ganz fix mit dem Packen fertig.

Da mein heutiges Ziel die Fähre ist, mit der die Überfahrt von Amsterdam nach dem im Norden Englands gelegenen Newcastle stattfinden soll, habe ich alles, was ich vermutlich an Bord brauchen werde, in den Tankrucksack gepackt. So werde ich mich im Schiff nicht mit Sack und Pack über die Etagen quälen, sondern lediglich Helm und Tankrucksack zur Kajüte tragen müssen.

Gedankenversunken schaue ich aus dem Fenster des Speiseraumes, freue mich über das schöne Wetter an diesem Morgen und versuche mir vorzustellen, welche Erlebnisse der Tag für mich bereit halten mag.

Die Fahrt auf der holländischen Autobahn wird vielleicht sogar noch angenehmer verlaufen, als gestern, weil dort die Höchstgeschwindigkeit auf 120 km/h beschränkt ist, meine neue Lieblingsreisegeschwindigkeit. Das Mitschwimmen im Verkehr wird dort bestimmt noch viel einfacher sein.

Natürlich bin ich auch wahnsinnig darauf gespannt, wie es wohl auf der riesigen Fähre aussehen und zugehen wird.

Auch wenn mir mehr als genug Zeit bis zum Einchecken im Fährhafen Amsterdam/IJmuiden bleibt, hält mich nun nichts mehr hier. Das Lunchpaket, das mir die Damen aus der Küche gerichtet haben, packe ich zu den anderen Sachen in den mittlerweile fast überquellenden Tankrucksack und mache mich schließlich daran, die RT zu beladen.

Dann aufsitzen, anlassen, im Navi die zweite Etappe aufrufen, und schon bin ich wieder auf Reisen. Es ist schön, mit keinem Ort verwachsen zu sein. Alles was ich habe, habe ich bei mir und ich bin da, wo es mir gerade gefällt. Heute hier, morgen da, ein Reisender eben, bärenstark.

Über Roermond und Utrecht geht es jetzt über sehr gut ausgebaute Straßen und Autobahnen nach IJmuiden, dem Seehafen nahe der Metropole Amsterdam.

Zwar komme ich unterwegs an zwei sehr schönen alten Windmühlen vorbei, leider habe ich auf der Autobahn aber keine Gelegenheit, Fotos davon zu schießen.

„Aber warum zerbreche ich mir eigentlich den Kopf um Windmühlenfotos?", denke ich. „Dies ist eine Schottland-Tour!" Irgendwie möchte ich die Eindrücke meiner großen Reise jetzt schon festhalten und dokumentieren. Nach der Heimkehr würde ich gerne davon erzählen, tolle Bilder zeigen und meine Zuhörer daran teilhaben lassen. Ab heute Abend werde ich ein Reisetagebuch führen, in dem alles Erzählenswerte festgehalten wird.

Die Fahrt verläuft, wie erwartet, ohne große Anstrengung, fast langweilig sogar. Das AB-Kreuz Amsterdam hat es dann allerdings fahrtechnisch in sich, volle Konzentration ist gefragt. Über sechs Spuren bei dichtem Verkehr die richtige von drei verschiedenen Möglichkeiten zu treffen, während alle anderen Verkehrsteilnehmer sich und mich hoffnungslos gestresst und in halsbrecherischer Eile gegenseitig links und rechts überholen, ist nicht ganz einfach. Aber es funktioniert, ich behalte den Überblick und mit äußerster Gelassenheit gondele ich einige Kilometer später, noch während ich auf´s Navi schaue, an der Ausfahrt nach IJmuiden/Fähre vorbei. Als ich meine Unkonzentriertheit bemerke, ist es bereits sehr knapp, um noch schnell auf die richtige Abbiegespur zu wechseln und deshalb entscheide ich mich dafür, besser die nächste Abfahrt zu nehmen. Das hoffentlich kurze Stück würde ich einfach durch die Stadt zurückfahren. Zeit genug habe ich und bestimmt wird es ganz interessant sein, durch die schöne Hafenstadt zu kurven und sie sich anzuschauen. Das Wetter ist hervorragend, warum also nicht?

Tanken möchte ich auch noch, bevor es auf das Schiff geht. In der Stadt gibt es sicher genug Gelegenheiten dazu.

Die nächste Ausfahrt führt mich dann unter dem Noordzeekanaal, der die Nordsee mit dem Ijsselmeer/Markermeer verbindet, hindurch, auf die für mich falsche, nördliche Seite des Kanals. Die Fähranleger der DFDS-Seaways befinden sich nämlich am südlichen Ufer. Allerdings ist es nicht möglich, einfach die gleiche Strecke wieder zurück zu fahren, sondern man ist gezwungen, große Umwege durch das Hafengebiet in Kauf zu nehmen. An einer Tankstelle halte ich an, um zu tanken und nach dem Weg zu fragen. In dieser Gegend fühle ich mich nicht sehr wohl und schließe instinktiv das Motorrad ab, als ich zur Kasse gehe. Dort bekomme ich keine Auskunft, wie es zur Fähre geht, sondern lediglich ein genervtes Achselzucken als Antwort.

Na gut, das Navi wird´s schon richten. Seit ein paar Kilometern habe ich zwar den Eindruck, dass es ebenfalls die Orientierung verloren hat und bin deshalb oft lieber nach Gefühl gefahren, aber eine genaue Vorstellung meines derzeitigen Aufenthaltsortes habe ich auch nicht. Ich bin irgendwo nördlich des Kanals. Über kleinste Wege im Hafengebiet folge ich den Anweisungen des Navis, bis die rote Ampel am Ende der Straße, die über ein Schleusentor führt, meine Fahrt vorerst stoppt. Im Mündungsbereich des Kanals liegen mehrere kleine Inseln, dazwischen Schleusen, die die Schiffe durchfahren müssen, um in den Kanal oder aus ihm heraus zu kommen. Über die Schleusentore verläuft die Straße hinüber zur anderen Kanalseite. Wird ein Tor geöffnet, schwenkt mit ihm auch die Straße zur Seite. In Sichtweite ist eine

Art Tower, auf dem die Leute sitzen, die die Schleusen und Ampeln bedienen.

Die Ampel vor dem geschlossenen Schleusentor zeigt also Rot und ich warte davor. Ein Radfahrer überquert dennoch schnell die Schleuse. Hinter mir bleibt ein Auto stehen. Nachdem noch weitere Autos dahinter anhalten müssen und noch mehr Radfahrer und Fußgänger die Ampel ignorieren, mache ich den Motor aus. Wenig später drehen die Autofahrer einer nach dem anderen entnervt um und fahren weg. Weitere Radfahrer und Fußgänger kommen über die eigentlich gesperrte Straße herüber. Vielleicht hat der Schleusenwärter die Ampel vergessen? Ich hupe einfach mal, eventuell fällt es ihm dann auf. Als ich kurz Laut gebe, schaut auch eine Person vom Tower in meine Richtung, aber an der Situation ändert sich rein gar nichts. Umdrehen möchte ich nicht, weil ich da, wo ich herkomme, die Orientierung völlig verloren, aber hier das Ziel fast vor Augen habe. In der Schleusenkammer befindet sich kein Schiff, es sieht nicht so aus, als ob eines hierher unterwegs sei, das Tor ist geschlossen und die Straße hinüber befahrbar. Warum steht die Ampel also auf Rot? Mit ungutem Gefühl starte ich den Motor und düse schließlich entschlossen hinüber zur anderen Seite dieser Schleuse. Ein schuldbewusster Blick zum Tower verrät mir, dass meine Ordnungswidrigkeit nicht unbemerkt geblieben ist. Der Wärter hebt die Faust und bringt seinen Unmut zum Ausdruck. Soll er doch! Die Ampel der nächsten Schleuse in etwa 200m Entfernung zeigt Grün, das Tor ist geschlossen, die Straße also ebenso befahrbar. Als ich nur noch wenige Meter davor bin, springt sie aber um auf Rot! Um den Aufseher nicht vollends aus der Fassung zu bringen, lege ich eine Vollbremsung hin und bleibe knapp vor der Ampel stehen. „Der wird mich warten lassen bis zum St. Nimmerleinstag!", vermute ich und mache schon den Motor aus. Keine zehn Sekunden später springt die Ampel wieder auf Grün und ich kann diese und auch die nächsten Tore zügig überqueren. Was war das denn für ein Spielchen?

Sofort, als ich drüben bin, hat das Navi wieder den Durchblick und zeigt sogar schon die Zielflagge im Display an. Bis zur Fähre kann es sich nur noch um Minuten handeln.

Tatsächlich sehe ich wenig später schon die „King Seaways", mein Schiff, im Hafen liegen. Wow, welch ein Riesen-Pott! Für Nord-Lichter wahrscheinlich nichts Besonderes, aber für Landratten wie mich, die im Prinzip nur die Neckar- und Rheinschiffe kennen, ist dieses hier schon sehr beeindruckend.

Wo geht es denn zum Einchecken? Vor dem Schiff ist keine Warteschlange. Ein bisschen Hin- und Herfahren und Herumschauen bringt keine Gewissheit, ich muss jemanden fragen. Die nächste vorbeikommende Dame in Uniform der Fährgesellschaft klärt mich darüber auf, dass ich der erste Motorradfahrer für heute sei, ich solle mich einfach neben die LKWs stellen, die in der Nähe des Schiffes warten und quasi eine neue Reihe aufmachen. Meine Bordkarte würde ich dann bekommen, wenn alle Fahrzeuge auf das Schiff dürfen.

Bis zum Boarding sind noch über zwei Stunden Zeit. Egal, besser zu früh, als zu spät, ich kriege die Zeit schon herum. Hier gibt es ja allerlei Interessantes zu sehen.

Auf der RT sitzend beobachte ich das Treiben am Schiff, das für die nächste Fahrt vorbereitet wird. Mit einem Höllenlärm erscheint schon bald eine Harley und parkt direkt neben mir. Noch vorhin habe ich den Typen und sein Moped am Kanal stehen sehen. Er hat scheinbar gelangweilt den Möwen zugeschaut, mir ist aber aufgefallen, dass er auch mich beobachtete. Jetzt ist mir klar, dass er, wie ich, keine Ahnung hatte, wo sich die Motorräder für die Fähre aufstellen sollen. Er steigt ab und kommt zu mir. Kurze Frage: „Newcastle?" Ich nicke, er geht wieder. Die Aussprache nur dieses einen Wortes finde ich schon sehr seltsam. Aber ich bin mir sicher, dass Englisch seine Muttersprache ist, allerdings hat er einen merkwürdigen Dialekt drauf.

Natürlich kommen wir als Motorradfahrer schnell ins Gespräch und ich erfahre, dass der knapp über 60-jährige auf den Shetlandinseln wohnt. Er war 14 Tage unterwegs in Frankreich, Deutschland, der Schweiz, Österreich, Polen, den Niederlanden und ist nun auf dem Weg nach Hause. Er fährt ohne jeden Windschutz, mit Halbschalenhelm, bei jedem Wetter. An der Harley hat er seitlich nur die beiden kleinen ledernen Packtaschen und eine ISO-Matte auf dem Soziussitz. Er hat keinen Tankrucksack, da sitzt bei ihm ja der Tacho. Ich sage, dass er erstaunlich wenig Gepäck dabei hat und er antwortet: „Just Basics!". In

Österreich musste er sogar einmal wild campen ohne Zelt. Ein ganz harter Bursche, Respekt!

Nach und nach erscheinen immer mehr Autos und Motorräder und bilden mittlerweile ansehnliche Schlangen.

Zu dem Shetländer hat sich ein schottischer Gold-Wing-Fahrer gesellt. Vom Gespräch der beiden verstehe ich nicht die Hälfte, aber wenn sie mich einbeziehen wollen, geben sich die beiden viel Mühe, so zu klingen wie meine Englisch-Lehrerin. An der schottischen GoldWing ist vermutlich absolut alles dran, was der Zubehörmarkt weltweit hergibt. Selbst einen Anhänger zieht sie hinter sich her. Tausende von Lampen und Leuchten, Unmengen von Chrom, selbst einen verchromten Getränkedosenhalter mit einer, natürlich ebenso verchromten, Bierdose darin, zieren das Gefährt.

In der Zwischenzeit ist innerhalb einer Stunde die Temperatur am Hafen um beachtliche 10° C gefallen und dichter Nebel aufgezogen. Beim untätigen Warten an den Mopeds wird es sehr frisch, nacheinander ziehen alle Leute ihre Motorradjacken wieder an.

Dann macht plötzlich das Gerücht die Runde, am Hafen in Newcastle mache die Polizei Kontrollen, ob auch alle Scheinwerfer vorschriftsmäßig abgeklebt seien. Für jeden Fahrzeugtyp gibt es nämlich einen bestimmten Bereich des Scheinwerferglases, der beim Fahren in Ländern mit Linksverkehr verdunkelt sein muss, damit der Gegenverkehr nicht geblendet wird. Es werden horrende Strafen erwartet, die Jungs übertreffen sich gegenseitig mit ihrer Panikmache. Ich habe während der Reisevorbereitungen zwar auch davon gehört, dass die Scheinwerfer so präpariert werden sollen, mich aber trotzdem dagegen entschieden. Bei der RT sind Doppelabblendlicht, Fernlicht und zwei Nebelscheinwerfer alle unter einem breiten Glas platziert. Wo soll denn da der Aufkleber hin? Jedenfalls bricht hier plötzlich der Abklebewahn aus. Manche Scheinwerfer sehen aus, wie die schlitzförmige Luftschutzbeleuchtung der Fahrzeuge während des Krieges. Wenn die mal keinen Ärger bekommen, weil sie praktisch ohne Beleuchtung fahren!

Schließlich kommen Zöllner und Leute vom Schiffspersonal zu uns und beginnen mit der Abfertigung der Fahrgäste. Zuerst sind die Motorräder an der Reihe und man winkt unsere Schlange an einem Häuschen vorbei, in dem der Zoll die Papiere überprüft und uns eine Angestellte der Fährgesellschaft die Boarding Cards aushändigt, die gleichzeitig auch die Zimmerschlüssel sind.

Neben mir röhrt der Auspuff der Harley. Er besteht lediglich aus zwei offenen Rohren. Haben die auf den Shetlands keinen TÜV? Von meinem Motor höre ich absolut nichts mehr und sehe nur am Drehzahlmesser, dass er läuft. Beim Anfahren würge ich ihn auch prompt ab, super hingekriegt.

Mit der Bordkarte und meinem Personalausweis zwischen den Lippen fahre ich die steile Eisenrampe hinauf in die geöffnete Bugklappe des Schiffes. Überall stehen Schiffsleute, die die Fahrzeuge in die richtige Spur dirigieren. In der Reihe für die Motorräder steht einer, der den endgültigen Standplatz jedes einzelnen festlegt. Die Mopeds stehen mit wenigen Zentimetern Abstand dicht an dicht. Eigentlich ist gar nicht genügend Platz, um sich mit Gepäck zu Fuß zwischen ihnen hindurch bewegen zu können, aber es muss ja trotz allem irgendwie doch zu schaffen sein.

Vorher hat aber jeder sein Motorrad selbst mit Gurten zu sichern. An der Schiffswand hängen genügend Ratschengurte. Einige Fahrer fesseln ihre Maschinen dermaßen ans Schiff, dass sie auch eine komplette Eskimo-Rolle in ihrer Position überstehen würden. Die RT bietet mit ihrer Vollverkleidung weniger Möglichkeiten, Gurte zu befestigen, als ich es gerne hätte. So stelle ich sie wenigstens auf den Seitenständer und lege einen Gurt über den Sitz. Mit Hilfe der Ratsche spanne ich ihn so stark, dass die Maschine deutlich eingefedert da steht. Zum Schutz des Sitzpolsters liegen meine Handschuhe unter dem Gurt. Auf dem Seitenständer und den Rädern ruht das Gewicht auf drei Punkten, die möglichst weit voneinander entfernt sind. Sie steht nun ziemlich stabil an ihrem Platz.

In der Enge der Ladefläche und in voller Montur treibt die körperliche Anstrengung beim Verzurren der Motorräder nicht nur mir die Schweißtropfen auf die Stirn. Deshalb suche ich mir nun schnell den Weg von Deck 4 nach Deck 8, wo meine Kajüte liegt.

Im Treppenaufgang herrscht ein fürchterliches Gedränge, man blickt in ratlose Gesichter, wohin man auch schaut. Aber letzten Endes findet doch jeder Passagier sein Stockwerk und von da an lichten sich die Menschenmassen und alle Leute verschwinden nach und nach in ihren Kajüten oder in den verschiedenen Restaurants.

Auch ich erreiche schnell meine Unterkunft und habe dort vom ersten Augenblick an ein heimeliges Gefühl. Schön ist es hier! Mein Gepäck lege ich auf die gepolsterte Sitzgruppe, hänge die Jacke an die Garderobe und betrachte mich in dem großen Spiegel. „Ganz schön zerrupft siehst du aus!" Gegenüber des Spiegels ist die Tür zur Nasszelle dieser Kajüte, mit Dusche, Waschbecken und WC.

Das obere der beiden Betten ist hochgeklappt, das andere frisch bezogen und sieht sehr gemütlich aus. Vor dem Fenster befindet sich ein kleines Tischchen und ein Stuhl. Dort liegen Broschüren der Fährgesellschaft und ein visitenkartengroßer Willkommensgruß.

Jetzt will ich nur noch meine Stiefel ausziehen, mich hinlegen und eine kleine Pause machen. Das Bett ist urgemütlich, man sinkt förmlich hinein. Tut das gut! Für die nächsten 18 Stunden werde ich hier wohnen.

Aber die Neugier lässt mich nicht lange auf dem Bett ruhen. Ich brenne darauf, mir das Schiff genauer anzusehen, darum springe ich jetzt schnell unter die Dusche, um dann erfrischt und sauber losziehen zu können.

Wenig später mache ich mich in Zivilkleidung auf Entdeckungsrundgang. Die King Seaways hat auf 161 m Länge und 12 Decks natürlich einiges zu bieten, wobei sich das Leben der über 1500 Passagiere eigentlich auf nur vier Decks abspielt. Alle anderen sind Fracht, Schiffstechnik und Personal vorbehalten. Phänomenal, alles ist auf Hochglanz poliert und auf Vornehm getrimmt. Verchromte Fahrstuhltüren, in denen man sich widerspiegelt, mehrere Shops, Restaurants, Bars, eine Art meereskundliches Museum und sogar zwei Kinos befinden sich an Bord. An einem Modell des Schiffes erfahre ich interessante Details, zum Beispiel, dass die King Seaways ursprünglich Nils Holgersson hieß und die Motoren stolze 26.652 PS leisten.

Das Personal ist extrem freundlich, aber wie ich schnell beim Bestellen einer Cola feststelle, sind die Preise auch extrem gesalzen. Für ein T-Bone-Steak mit Beilagen etwa, darf man fast 42 Euro hinblättern. Glücklicherweise habe ich noch mein kleines Fresspaket aus Brüggen in der Kajüte.

Als dann die Zeit zum Auslaufen gekommen ist, gehe ich auf das kalte, windige Außendeck und beobachte, wie die Mannschaft die Leinen löst. Nur drei oder vier Menschen befinden sich noch am Kai, als das ganze Schiff von ohrenbetäubender Marsch- und Blasmusik erfüllt wird. Beim Auslaufen der Titanic muss es so ähnlich gewesen sein, nur dass hier die Musik aus Lautsprechern im und am Schiff ertönt, anstatt, wie damals, live gespielt zu werden.

Dann verlassen wir den Hafen und die Musik verstummt. Selbst von den riesigen Motoren hört man nichts und spürt auch keine Vibrationen.

Das Schiff gleitet praktisch lautlos durch den Nebel, als an der rechten Seite, an steuerbord, eine Insel ins Blickfeld gerät. Es ist Forteiland, eine Art Festungsinsel voller Luftschutzbunker und Geschütze, die seit 1888 bis zum Ende des letzten Krieges Teil des Verteidigungsgürtels um Amsterdam war. Während des Krieges bauten deutsche Besatzungstruppen die Bunker der Insel sogar noch weiter aus. Nichts deutet heute auf eine zivile Nutzung der Insel hin, kein Mensch ist zu sehen. Um so bedrohlicher wirkt sie, als sie im Nebel grau und gespenstisch an uns vorüber zieht. Nichts an ihr ist irgendwie schön und trotzdem starre ich ihre sichtbaren Betonbauten unentwegt an, bis sie wieder im Nebel versinkt.

Nun hält das Schiff über die offene See auf England zu. Zwischen mir und meinem Ziel liegt nur noch die Nordsee. Von Seegang ist absolut nichts zu spüren.

Ich sitze im Zimmer an dem kleinen Tisch und esse Apfel und Salamibrötchen, während ich aus dem Fenster auf die Nordsee blicke. Dann nehme ich die Karte von Schottland aus dem Tankrucksack, um sie mir genauer anzusehen und mich auf die ersten Kilometer morgen einzustimmen. Aus der Karte fällt ein laminiertes DIN A5 Blatt. Auf schottisch kariertem Hintergrund sind beiderseits Fotos von schottischen Sehenswürdigkeiten und meinen Mädels zu Hause zu sehen. Dass sie sich so viel Mühe gemacht haben, mir unterwegs eine Freude zu bereiten, rührt mich und ich betrachte mir den überraschenden Gruß aus der Heimat genau.

Dann lege ich mich wieder auf´s Bett und beginne damit, im ebook-Reader die Motorradreisebücher zu lesen, die ich mir extra zum Zeitvertreib auf dieser Tour gekauft habe.

Dennoch mache ich immer wieder Lesepausen und spaziere durch das Schiff. Ob es wohl irgend jemanden an Bord gibt, der schon alles von dieser Fähre gesehen hat? Der Käpt´n vielleicht?

Als es dunkel wird, beschließe ich, früh in die Koje zu kriechen, um morgen fit zu sein.

Während des Duschens vorhin habe ich auch mein Halstuch gewaschen und es dann zum Trocknen an ein Lüftungsgitter an der Kabinendecke gehängt. Auf dem Bett liegend beobachte ich es nun eine Weile als Schiffslagenanzeiger. Daran, wie schräg das Halstuch hängt, kann ich erkennen, wie stark der Seegang ist.

Doch das Schiff bewegt sich so ruhig durch die Nacht, dass das Tuch fast keine Bewegung zeigt und ich völlig problemlos ganz schnell einschlafe.

# Newcastle upon Tyne/North Shields - Peebles (Crossburn Camping)

29. Mai 2012

202 km

tagsüber regnerisch, 10° C

abends Sonne, 15° C

In der Nähe von Dryburgh

Über Nacht hat sich der Nebel gelichtet. Aber noch immer ist der Himmel ungemütlich verhangen, als ich vorne in der Aussichtsgalerie des Schiffes sitze und darauf warte, dass England in Sicht kommt. Der Wind pfeift unangenehm durch jede Ritze der Außenwand und jedes Mal, wenn sich die stählerne Tür zur Galerie öffnet, fegt ein kalter Windstoß in den Raum hinein. Immer wieder sind andere Schiffe, vielleicht Hochseefischer, zu sehen, jedoch ist noch kein Land in Sicht.

Neben den häufigen Verkaufsdurchsagen für zollfreie Waren in den Geschäften an Bord, kommt nun endlich die Ansage, dass wir bald in Newcastle / North Shields anlegen werden und die Uhren auf GMT (Greenwich Mean Time), also um eine Stunde zurück, gestellt werden müssen.

Die meisten der Passagiere nehmen nun ihr Gepäck und machen sich schleunigst auf den Weg zu den Fahrzeugen. Die Treppenaufgänge sind wie gestern wieder überfüllt und es gibt kein Vorankommen, weil die Türen zu den Laderäumen noch verschlossen bleiben, bis das Schiff angelegt hat.

Ein letztes Mal gehe ich zur Kajüte und hole meine Sachen. Durch das Fenster kann ich bei dem trüben Wetter erst nur einen undeutlichen Schatten erahnen, dann erscheint tatsächlich die langgezogene Mauer mit dem kleinen Leuchtturm, der die Hafeneinfahrt von North Shields markiert. Dahinter treten an Land mehr und mehr Häuser, Lagerhallen, Straßen und Autos aus dem Dunst hervor und gestatten mir einen ersten Eindruck von Großbritannien. Die

Landungsbrücken liegen im River Tyne und haben den unbescheidenen Namen „Royal Quays". Souverän legt die Fähre an.

Das Gedränge bei den Motorrädern ist wieder enorm, alle haben es eilig, endlich loszufahren. Die Motoren laufen schon lange bevor überhaupt an Fahren zu denken ist, und der Laderaum ist erfüllt von Lärm und Abgasen.

Als sich die Heckklappe des Schiffes öffnet und der Lademeister die Strecke frei gibt, strömen massenweise Motorräder ungeduldig aus dem Bauch des Schiffes an Land, wie ein Trupp Fallschirmspringer aus dem Heck eines großen Transportflugzeuges. Zackzackzack! Aber statt ins Leere zu fallen, beziehungsweise sich auf die Straßen Englands zu ergießen, stehen wir alle schon nach wenigen hundert Metern wieder brav in einer Reihe und werden erneut von Zoll und Polizei kontrolliert. Aber das geht sehr schnell und bei keinem wird etwas an der Fahrzeugbeleuchtung beanstandet. Einige reißen gleich nach der Kontrolle das ungeliebte Tape wieder von den Lampen ab.

Dann geht es los, die Strecken sind frei und über scheinbar unzählige Kreisverkehre bahnt sich jeder seinen eigenen Weg. Schon nach wenigen Minuten haben sich die vielen Motorräder so verteilt, dass man das Gefühl hat, ganz alleine auf zwei Rädern unterwegs zu sein.

Der harmlose Nieselregen hat sich nun leider in einen richtigen Regen verwandelt und erleichtert das Fahren im ungewohnten Linksverkehr nicht gerade.

Man muss schon höchste Konzentration aufbringen, um seine langjährigen Gewohnheiten zu ignorieren und eben nicht dem Instinkt zu folgen, dass rechts die sichere Seite ist.

Aber schon nach ein paar Kilometern lässt der beklemmende Eindruck, ständig falsch zu fahren, langsam nach. Ich finde, es klappt sogar schon ganz gut bei mir. Erstaunlich, wie flott man sich daran gewöhnen kann.

Recht schnell bin ich außerhalb des Stadtgebietes von Newcastle und fahre auf der zweispurigen A69, die hier mit einem roten, sehr griffigen Belag versehen ist, in Richtung Northumberland National Park.

Straßen mit der Bezeichnung A Soundsoviel entsprechen in ihrer Wertigkeit unseren Bundesstraßen. Autobahnen werden mit M wie Motorway bezeichnet. Hier, wo die A69 autobahnähnlich ist, sind 70 mph erlaubt, das entspricht 112 km/h wie auf Autobahnen. Sonst ist auf A's Tempo 60 mph, also 96 km/h vorgeschrieben. Und das wird angeblich auch genauestens überwacht, wie ich gelesen habe. Deshalb achte ich aufmerksam darauf, mir nicht gleich am ersten Tag Ärger einzuhandeln und fahre nicht schneller, als es erlaubt ist. Man hört ja immer wieder, dass in vielen Ländern die Strafen erheblich teurer als in Deutschland, oder gar völlig überzogen sind. Ich weiß aber nicht, ob England dazugehört.

Während einer kurzen Pause, um die Büsche am Straßenrand genauer zu betrachten, fährt die vom Schiff bekannte GoldWing an mir vorbei. Alle Lampen an Maschine und Hänger sind an. Der Fahrer erkennt mich, winkt und hupt. War ja klar, die Hupe ist ebenfalls nicht normal, sondern spielt eine Melodie. Ich winke dem fahrenden Showgeschäft amüsiert hinterher. Der Schotte fährt bei dem Wetter mit Jeans und Pullover, statt mit Schutzkleidung. Mit seinem Gespann war der verrückte Typ übrigens sogar schon in den USA und hat die Route 66 unter die Räder genommen. „Mach´s gut! Vielleicht sehen wir uns in Schottland."

Ungefähr ab Corbridge führt die A68 nun als normale „Bundesstraße" einspurig in nördliche Richtung und damit ohne Umwege zur schottischen Grenze in den Cheviot Hills.

Sie passiert dabei den Hadrian´s Wall, jenes historische Bauwerk, mit dem sich die römischen Besatzer in Britannien vor den Übergriffen der unbeugsamen Schotten schützen wollten. Obwohl seine geschichtliche Bedeutung sicher groß ist, soll eine Besichtigung leider nicht so wahnsinnig interessant sein. Vielleicht besuche ich den Schutzwall, der einst von Küste zu Küste reichte, auf meiner Rückreise. Jetzt aber will ich endlich ins Landesinnere Schottlands kommen und fahre weiter.

Trotz des anhaltenden Regens macht die Fahrt wirklich Spaß, die Landschaft wird immer schöner. Wälder und Weiden stehen in saftigem Grün. Nicht zuletzt das beständige Auf und Ab der Strecke vertreibt jede Langeweile schon im Ansatz. Bedeutet das A womöglich Achterbahn? Es ist, als hätten die englischen Straßenbauer einfach, so ähnlich wie im Modellbau, eine riesige Straße von der Rolle über das

Gelände gelegt. Dort, wo bei uns die Landschaft für die Straße eingeebnet worden wäre, führt die Fahrbahn hier über jede Erhebung und jede Unebenheit, als wäre sie nur daraufgelegt worden.

Kleine und große Buckel wechseln sich ab und manchmal sieht man nicht, wie die Straße auf der anderen Seite des Gipfels weitergeht, oder ob Gegenverkehr zu erwarten ist. Schilder mit dem Hinweis „Blind Summit", also uneinsehbarer Gipfel, warnen vor dieser Gefahr. Vor vielen Kurven weist außerdem ein, auf die Straße gepinseltes, „Slow", ebenfalls darauf hin, konzentriert zu bleiben und die Geschwindigkeit anzupassen.

Was mir bis jetzt aufgefallen ist, ist die Höflichkeit und Rücksichtnahme der britischen Verkehrsteilnehmer. Bereitwillig lässt man nachfolgenden Verkehr überholen, oder bedankt sich deutlich für eine Gefälligkeit. Freundliches Verhalten im Straßenverkehr scheint absolut üblich zu sein.

Heute morgen bestand mein Frühstück an Bord des Schiffes lediglich aus einer Tasse überteuerten Kaffees. Klar, dass sich nun um die Mittagszeit der kleine Hunger meldet. Es ist mit 10° C nicht gerade übermäßig warm, deshalb hätte ich gegen einen heißen Kaffee und einen warmen Snack nichts einzuwenden.

Fast wie gerufen erscheint an einem der nächsten Hügel, schon von Weitem sichtbar, eine Imbissbude auf einem kleinen Rastplatz an der A68. Dort werde ich meine erste Pause machen.

Es ist „The Chilly Man", der, wie der Name schon vermuten lässt, leider ausschließlich Chilly-Gerichte anbietet. Ich kaufe nur einen Kaffee und wärme mir an dem heißen Pappbecher die Hände. In den Ortschaften werben viele Gasthäuser mit Frühstück, Snacks oder kleinen Mahlzeiten für Durchreisende. Ich glaube, so etwas wäre mir lieber, als feuriges Chilly. Im nächsten Ort werde ich mal darauf achten, wo ich etwas essen kann.

Kurze Zeit später komme ich durch Ridsdale, einen langgestreckten, schmalen Ort entlang der Straße. Er macht einen eher ärmlichen Eindruck und erinnert an graue, englische Arbeitersiedlungen in Filmen aus längst vergangenen Zeiten. Am Ortsausgang wirbt „THE GUN INN" mit hausgemachtem Essen. Natürlich halte ich an und freue mich darauf, eine warme Mahlzeit zu bekommen. Da ich der einzige Gast bin, dauert es nicht lange, bis ich eine große Portion Rührei mit Toast vor mir habe. Zwar sind die Eier ganz und gar ungewürzt, aber meine erste englische Mahlzeit schmeckt mir trotzdem hervorragend.

Dieser Landstrich gehört schon zu Northumberland. Nördlich der Grenze zu Schottland schließen sich später „The Borders", die Grenzgebiete, an.

Entlang der weiteren Strecke sind etliche Starenkästen installiert. Die blitzen sogar von hinten, damit sind auch die Nummernschilder der Motorräder lesbar. Vorsicht!

Der riesige Hinweis „Last Café in England", an einer Hauswand, lässt erahnen, wie tiefgreifend die Abgrenzung von Schottland in den Köpfen der englischen Einwohner des Vereinigten Königreiches doch tatsächlich noch ist. Aber die Schotten selbst bemühen sich ebenfalls, größtmögliche Eigenständigkeit zu bewahren. Dabei sind sie doch seit 1707 Teil des United Kingdom, allerdings selbst heute noch mehr als widerwillig. Bis zur Grenze kann es nun nicht mehr weit sein.

Ein paar schöne, langgezogene Kurven führen einen Hügel hinauf, über den die Grenze verläuft. Schon passiere ich den Willkommensgruß „Welcome to Scotland“. Das Schild zeigt die schottische Flagge und sieht aus, als betrete man ab hier wirklich eine andere Nation. Der Eindruck wird verstärkt durch die gälische Übersetzung auf dem Schild „Fáilte gu Alba“. Beiderseits der Straße markiert je ein Monolith, sozusagen ein Hinkelstein, die Grenze und zeigt an, dass hier Schottland beginnt. Von diesem Fleck namens Carter Bar, kann ich den ersten weiten Blick in die schottischen Lowlands hinein genießen, obwohl es regnet, stürmisch und kalt ist. Es müssen tatsächlich unbeugsame Menschen sein, die hier zuhause sind.

Einer dieser Unbeugsamen sitzt am Straßenrand im Auto und wartet möglicherweise auf ein Zeichen von mir, dass er aussteigen soll. Es ist der Piper der Grenze, der Dudelsackspieler in Nationaltracht. Am Grenzstein hat er den Hinweis aufgestellt, dass er für 5 Pfund „Scotland the Brave“ spielt, sich fotografieren lässt und eine CD mit Dudelsackmusik aushändigt. Ich kann es mir verkneifen und fotografiere stattdessen die RT vor dem inzwischen sicher millionenfach porträtierten Grenzstein. Dann überquere ich die Grenze und tauche ein, in das Reich der Bens und Glens, der Berge und Täler und der Kilts und Karomuster.

Die erste Sehenswürdigkeit, die ich ansteuere, heißt Jedburgh Abbey, ein mehrfach von Engländern überranntes und schließlich zerstörtes Kloster aus dem 12. Jahrhundert. Die eindrucksvollen Ruinen ziehen viele Besucher an, wie die großflächigen Busparkplätze beweisen. Von meinem Parkplatz nahe eines Souvenir-Shops hat man einen schönen Überblick über die historisch bedeutsame Stadt. Sogar Maria Stuart hielt sich im Jahre 1566 für mehrere Wochen in Jedburgh auf, um sich von der schweren Krankheit zu erholen, die sie sich bei einem Gewaltritt ins Hermitage Castle im Westen zugezogen hatte. Dort lag ihr im Kampf schwer verwundeter Geliebter Bothwell, den sie unter allen Umständen noch einmal sehen wollte, im Lazarett und rang mit dem Tode.

Erwähnte ich anfangs, dass eine der Motivationen, die mich hierher führten, die merkwürdigen Gebräuche der Einheimischen seien? Wie wäre es mit folgendem Brauch, ist der nicht sehr eigenartig? Im Februar eines jeden Jahres treffen nämlich die Uppies und die Doonies, das sind die Bewohner der Ober- und der Unterstadt, aufeinander und kämpfen um einen Lederball, der mit Stroh gefüllt ist. Er symbolisiert den Kopf eines Engländers. Das Spiel heißt „Hand Ba Game“, hat keine erkennbaren Regeln, dauert stundenlang und verursacht bei den Mitspielern zum Teil schwere Verletzungen.

Bevor ich meine Reise fortsetze, möchte ich in dem Shop noch eine kleine Schottlandflagge als Sticker für die RT kaufen, aber genau die ist in dem Kiosk gerade nicht vorrätig. Die Dame rät mir lächelnd, in zwei bis drei Wochen noch mal herein zu schauen. „Das werde ich tun.“ prophezeie ich freundlich.

Weiter Richtung Norden führt mich die A68 direkt an der Klosterruine Dryburgh Abbey vorbei , wo Sir Walter Scott, ein großer schottischer Schriftsteller des 18. Jahrhunderts, seine letzte Ruhe fand. Schon bald weist ein unscheinbares Schild den Weg über eine kleine Nebenstraße in Richtung „Scott´s View“, einen wunderbaren Aussichtspunkt hoch über dem River Tweed, inmitten von Unmengen leuchtend gelben Ginsters. Hier genoss Scott immer wieder den wundervollen Ausblick auf den Fluss und die Lowlands. Der weitreichende Blick über Wiesen und Wälder begeistert mich zwar auch, aber das kleine kurvige Sträßchen, das mich hierher führte, nicht minder.

Mein Aufenthalt dauert nicht sehr lange und es zieht mich weiter über Melrose bis in das Tweed Valley. Durch das Tal des Tweed schlängelt sich die Straße entlang des beschaulichen Flüsschens bis nach Peebles. Dort soll meine heutige Tagesetappe enden.

Von den beiden Campingplätzen des Ortes habe ich schon zu Hause den „Crossburn Camping and Caravan Park“ ausgewählt, weil er mir leichter zu finden schien und direkt an der Ausfallstraße in Richtung Edinburgh liegt, wohin ich morgen fahren werde. In Peebles beginnt mein befristetes Vagabundenleben im Zelt.

Zuvor entdecke ich am Ortseingang eine Tankstelle mit angeschlossenem kleinem Supermarkt. Klasse, da werde ich tanken und meine Vorräte auffüllen. Nur noch schnell durch den Kreisverkehr und dann die erste Ausfahrt nehmen. Doch da kommen mir schon zwei Scheinwerfer mit blinkendem Fernlicht entgegen und reißen mich aus meinem Wohlbehagen. So ein Mist! Da habe ich doch die Sache mit dem Linksverkehr total vergessen! Ich werfe den Anker, rette mich auf die Mittellinie und komme dann erst rüber zur Tankstelle, als das Auto weg ist. Das war knapp!

Noch an der Zapfsäule platziere ich das rote Stück Tape mit der selbstgemachten Aufschrift „Links fahren!!!“ statt am linken Griff nun zwischen Tacho und Drehzahlmesser, also mitten in meinem Blickfeld. Hoffentlich ist es an dieser Stelle auffällig genug, dass es mich das Linksfahrgebot nicht wieder so schnell vergessen lässt!

Am Ortsausgang in Richtung Edinburgh ist der Campingplatz linker Hand sehr leicht zu finden.

Glücklicherweise hat es aufgehört zu regnen, als ich ankomme. Mein neues Zelt gleich beim ersten Mal im Regen aufbauen zu müssen, würde sicher keinen Spaß machen. Aber nun findet die Sonne hin und wieder sogar eine Lücke in der grauen Wolkendecke und schickt wärmende Strahlen nach Peebles.

Nach der Anmeldung bei der freundlichen Dame an der Rezeption kann ich mir selbst einen Platz auf der großen Wiese entlang eines Baches aussuchen. Kein anderes Zelt, nur ein VW-Campingbus steht schon da. Der Rest des sehr großen Campingplatzes ist geteert, oder mit Kies bedeckt und ausschließlich Wohnwagen vorbehalten.

Da ich vorhabe, mir heute Abend Tee und morgen früh Kaffee zu kochen, wähle ich meinen Platz einfach nahe einer Zapfstelle für Trinkwasser. Die besteht nicht etwa nur aus einem lieblosen Wasserhahn, der frei auf seinem Wasserrohr thront, sondern aus einem, aus Backsteinen gemauerten Häuschen, samt schindelgedecktem Dach. Das ganze Gebäude ist vielleicht einen Meter hoch. Aus der Fassade schaut der Wasserhahn, im Vorgarten kann man beispielsweise einen Eimer oder Kanister unter den Hahn stellen. So etwas gibt dem Campingplatz doch Flair, da hat sich jemand Gedanken gemacht und auch scheinbar unbedeutende Kleinigkeiten, wie einen Wasserhahn, mit Liebe gestaltet.

Das beweisen auch viele andere Details, ob auf dem Spielplatz oder in dem bemerkenswerten Leseraum. Dort ist eine ganz interessante Idee umgesetzt worden, nämlich eine Buchtauschecke. Aus einer beachtlichen Auswahl an Büchern und Magazinen kann man sich welche aussuchen und einfach mitnehmen. Im Gegenzug hinterlässt man wenigstens die gleiche Anzahl eigener Bücher in der kleinen Bibliothek für andere Interessierte. Das Ganze basiert natürlich auf der Ehrlichkeit der Nutzer und scheint tadellos zu funktionieren. Leider habe ich nichts, das ich hier lassen könnte und nehme daher auch nichts mit.

Nun widme ich mich dem Aufbau des nagelneuen Zeltes. Zwar habe ich vor Fahrtantritt nachgesehen, ob alles vollständig vorhanden ist, aufgebaut habe ich es bisher aber noch nie. Kann so schwer nicht sein! Wie oft habe ich schon Zelte aufgebaut? Dieses habe ich mir aus Anlass der Schottland-Tour gekauft und darauf geachtet, dass es mindestens leichtem Sturm standhält und die ganze Verarbeitung und das Material deutlich stabiler ist, als bei den 08/15-Zelten, die man billig beim Discounter kaufen kann. Dichtigkeit gegen Regen und Wasser von unten ist natürlich extrem wichtig, deshalb kamen auch nur Zelte mit sehr hohen Wassersäulenwerten in die engere Auswahl. Dennoch lege ich eine zusätzliche, robuste Folie in den Maßen des Zeltbodens darunter, damit er auch vor Beschädigungen, zum Beispiel durch spitze Steine, geschützt ist. Hört sich vielleicht total perfektionistisch oder eben typisch deutsch an, aber meiner Meinung nach ist eine der wichtigsten Voraussetzungen für eine gelungene Tour eine trockene Bleibe. Wenn dein Gerödel erst einmal nass ist und sich das Wetter nicht bessern will, hast du schlechte Karten; also besser rechtzeitig vorsorgen.

Obwohl ich die Anleitung zu Hilfe nehmen muss, ist das Zelt schnell aufgebaut. Klasse, darin werde ich mich wohlfühlen, ein tolles Zuhause. Dahinter verläuft, nur zwei bis drei Meter entfernt, ein kleiner

Bach, hinter ihm wiederum erblickt man die schöne umgebende Landschaft.

Schnell ist die RT entladen und alles im Zelt untergebracht. Mit dem Aufpusten der Luftmatratze ist meine Unterkunft schließlich fertig eingerichtet.

Bevor ich mich zum Lesen auf die Matratze lege, möchte ich noch duschen und schon wieder Wäsche waschen, diesmal Hemd, T-Shirt und Unterwäsche. Das bietet sich deshalb schon heute an, weil die Sonne zwischenzeitlich die Wolken ganz vertrieben hat und die Chance besteht, die Klamotten im wärmenden Sonnenschein wieder trocken zu bekommen. Auf meinen bisherigen Touren hat es sich immer wieder bewiesen, dass ein gewisser Opportunismus auf Reisen von Vorteil, oder sogar notwendig ist. Wenn sich bei einer Unterkunft die Gelegenheit zum Duschen bietet, weil die sanitären Anlagen sauber sind, dann sollte man das nutzen. Und wenn das Wetter einen Waschtag möglich macht, sollte man waschen. Denn wenn man wartet, bis all das wirklich unumgänglich wird, hat man todsicher keine Möglichkeit dazu.

Von den blitzsauberen Waschräumen kommend, werde ich auf dem Weg zum Zelt von einem älteren schottischen Ehepaar angesprochen, das bequem auf Liegestühlen vor seinem Wohnwagen liegt und den Spätnachmittag genießt. Die beiden haben mir vorhin Tee trinkend beim Aufbau zugesehen. Ein netter kleiner Plausch entwickelt sich, und als ich später mit der Bemerkung, ich müsse unbedingt die Wäsche aufhängen, weiter in Richtung Zelt gehe, ruft die

Frau mir freundlich aber skeptisch nach: „Hope, you ´ll get it dry."

Im Zelt lege ich mich schließlich zur verdienten Pause hin und lasse die Erlebnisse Revue passieren, die mir seit heute morgen widerfahren sind.

Insgesamt fühle ich mich sehr wohl, die Reise macht mir schon jetzt unglaublichen Spaß. Der Campingplatz ist hervorragend, Linksverkehr und Fahren bei Nässe sind nicht wirklich problematisch, die Landschaften sind wunderschön und die Menschen, mit denen ich bis jetzt zu tun hatte, überaus freundlich.

Während mein Teewasser auf dem Gaskocher zu kochen beginnt, knöpfe ich das Winterfutter wieder in die Motorradhose ein. In den dichten Wäldern auf dem Weg hierher war es mit der Zeit doch recht kühl. Je weiter die Fahrt ab jetzt in Richtung Norden führt, desto kälter wird es wohl werden.

Als die Nacht hereinbricht, kommt im wärmenden Schlafsack, den Kopf auf dem kleinen Kissen und dem Buch in der Hand, echte Behaglichkeit auf. Ganz in der Nähe plätschert leise der Bach. Ich fühle mich rundum wohl. Ist das nicht ein perfekter Reisebeginn?

# Peebles - Tarland by Deeside

30. Mai 2012

287 km

ganztags Regen in allen Varianten

morgens 3° C

tagsüber 10° C

Crathes Castle

In der Dämmerung des frühen Morgens stimmen einige Tauben ihr einfallsloses „Lied“ an und wiederholen unaufhörlich ihr monotones „HuHuu-Hu!“. Ob ich mir ein kleines Radio für die nächste Reise auf die Packliste setzen soll? Oder ein geladenes..., nein, lassen wir das! Zum Glück zwitschern andere Vögel fröhlichere Morgenlieder.

Obwohl selbst die Kapuze meines Schlafsackes vorne fast ganz geschlossen ist, liegt die Temperatur in seinem Inneren eindeutig nicht im Wohlfühlbereich. Neben meinem „Bett“ zeigt das Thermometer am Tankrucksack nur schlappe 3° C an. Ich kann meinen Atem sehen. Und das Ende Mai!

Auf das Zeltdach fallen Regentropfen, dort sammeln sie sich zu größeren und fließen dann als gemeinsames Rinnsal hinunter, um schließlich in die Wiese zu platschen.

Nur ein starker, heißer Kaffee kann die Situation noch retten. Obwohl, soo übel ist es doch gar nicht. Wer nach Schottland fährt, sollte sich nicht über das Wetter beklagen. Deshalb raus aus den Federn, Wasser holen, es könnte alles viel schlimmer sein!

Ein paar Minuten später sitze ich mit einem Becher heißen Kaffees in den Händen im offenen Zelt, schaue in den Regen und plane den heutigen Tag.

Die gestrige Wäsche ist natürlich nicht trocken geworden und ich beschließe, dass alles, was mit Nässe zu tun hat, also etwa Regenklamotten und anderes nasses Zeug, ab jetzt seinen Platz im TopCase haben wird. Mein akribisch aufgestellter Packplan zeigt somit zwar schon jetzt erste Auflösungserscheinungen, aber was soll´s? Die Praxis wird von ganz alleine den besten Packplan erstellen.

Nachdem alles eingepackt und in den Koffern verstaut ist, stopfe ich das nasse Zelt in die Zelttasche, ohne mir besondere Mühe zu geben, es ordentlich zusammenzulegen. Wichtig ist nur, dass das Innenzelt trocken bleibt.

Als die RT endgültig aufgesattelt ist, hat sich der Regen zu leichtem Nieselregen abgeschwächt. Es reicht aber immer noch, um nass zu werden.

Das ältere Ehepaar von gegenüber ruft mich freundlich zu sich herüber, bietet mir einen Tee an und möchte doch zu gerne wissen, wie meine Tour weitergeht. Tee mag ich jetzt zwar keinen trinken, trotzdem unterhalten wir uns noch eine ganze Weile sehr nett. Die beiden sind Rentner und lieben es, jeden Sommer die ganze Insel im Wohnwagen zu bereisen. Cool! Wir wünschen uns schließlich gegenseitig eine gute Fahrt und ich verlasse Peebles gut gelaunt in Richtung Edinburgh.

Diese kleinen Sträßchen durch Wälder und Wiesen, über kleine gemauerte Brücken und durch so liebenswerte Ortschaften wie Penicuik, das ich gerade durchquere, machen für mich die Fahrt noch schöner, als ich es erwartet hätte, obwohl mittlerweile wieder der berühmte englische Landregen niedergeht.

Das erste Ziel für heute heißt Roslin. Dort möchte ich zu der kleinen Kapelle Rosslynn Chapel, die für wundervolle Steinmetzarbeiten, die in der Welt ihresgleichen suchen, bekannt ist. Einzigartig verzierte Säulen, Portale und Deckengewölbe sollen da zu bewundern sein.

Seit dem Baubeginn 1446 ist Rosslynn noch immer unvollendet. Der reiche dritte Earl of Orkney, William Sinclair, gab den Bau damals in Auftrag und verstarb 34 Jahre später. Da war die Kapelle noch nicht fertig, weil die Verzierungen extrem aufwendig gestaltet wurden. Die Erben respektierten den Plan des Earls nicht und stellten den Bau schließlich ein. Klar, das schöne Erbe wäre am Ende gar von dem Projekt aufgefressen worden. Aber um wie viel prächtiger wäre die Kirche dann wohl geworden?

Viele Geschichten ranken sich um die Kapelle, z.B. die von „Apprentice Pillar", der Säule des Lehrlings. Während der Meister im Ausland weilte, um seine Fähigkeiten weiter zu verbessern, fertigte ein Lehrling, ohne sein Wissen, eine Säule von solcher Schönheit, dass der Meister nach seiner Rückkehr den Lehrling aus lauter Zorn erschlug, weil die Säule schöner war, als er sie selbst je hätte erschaffen können. Er wurde daraufhin zum Tode verurteilt. In der Nähe der Orgel erinnert noch heute eine in Stein gehauene Szene an den Vorfall. Das Gotteshaus musste nach dieser Bluttat neu geweiht werden.

Allerdings verhalfen erst die Bestseller „Sakrileg" und „Da Vinci Code" Rosslyn zu weltweiter Popularität. Sogar als Versteck des Heiligen Gral kam sie durch die Romane ins Gespräch.

Seither sind davor Busparkplätze und ein ansehnliches Information Centre entstanden, um der Besucherströme Herr zu werden.

Leider bin ich zu früh da, es ist alles noch geschlossen. Von Rosslynn Chapel ist so gut wie nichts zu sehen, vor dem Gelände versperrt eine hohe Mauer die Sicht und das Wenige, das von der Kirche noch zu sehen wäre, ist von Baugerüsten eingepackt. Vor der Mauer steht ein sehr altes Haus, in dem angeblich schon Könige übernachtet haben sollen. Im Regen zu warten, bis das Besucherzentrum geöffnet wird, dazu habe ich keine Lust und darum mache ich mich wieder auf den Weg.

Nun liegt Edinburgh vor mir, das ich aber nicht besuchen, sondern nur umfahren will. Die wirtschaftliche und politische Hauptstadt Schottlands hat sicher viele Sehenswürdigkeiten zu bieten. Da wären als Beispiel der Palast mit den Kronjuwelen zu nennen, oder das Parlamentsgebäude. Die Schotten beschlossen nämlich 1997 in einem Referendum, nach fast 300 Jahren wieder ein eigenes, von England unabhängiges Parlament einzurichten. Das unterstreicht nur die unablässigen Bemühungen der Schotten, sich von den englischen Besatzern zu befreien. 1999 eröffnete Elisabeth II. das schottische Parlament und gab offiziell eine Teilautonomie an Schottland zurück. Für den Bau des Parlamentsgebäudes, das in seiner äußeren Erscheinung die schottische Volksseele widerspiegeln soll, wurden nur die besten Architekten engagiert. Zahlreiche Änderungen während der Bauphase trieben die Kosten von 40 auf 430 Millionen

Pfund in die Höhe. Wo bleibt denn da der sprichwörtliche schottische Geiz?

Mein Weg führt jedoch nicht in das Gedränge der Großstadt, sondern in die Einsamkeit. Und zwar über die Autobahn um die Stadt herum in Richtung South Queensferry, wo zwei berühmte Brücken den Firth of Forth überspannen, einen Meeresarm der Nordsee, der gleichzeitig auch die Mündung des Flusses Forth ist. Die Brücke für die Eisenbahn, die „Forth Rail Bridge“, gilt als gigantische architektonische Leistung und sieht mit ihren roten wuchtigen Stahlträgern auch tatsächlich sehr beeindruckend aus.

Einen weitaus größeren Eindruck macht jedoch in diesem Moment die Autobahnbrücke „Forth Road Bridge“ auf mich, einen sehr unangenehmen allerdings. Ich befinde mich mitten in der Rushhour im strömenden Regen auf der Brücke. Es herrscht enorm viel Verkehr, zwischen den Fahrzeugen ist nur sehr wenig Platz, und alle versuchen so schnell wie möglich durchzukommen, während ich gar nicht so auf Geschwindigkeit aus bin. Das hat seinen Grund in den Verstärkungen der Dehnungsfugen auf der Betonstraße. Geschätzt alle 25 Meter verläuft eine metallverstärkte mindestens gartenschlauchdicke Fuge quer zur Fahrbahn. Die RT poltert darüber, es fühlt sich nicht gut an. Zudem kneife ich die Backen zusammen, weil ich jedes Mal darauf warte, dass die Fuhre zu schlingern beginnt. Ja ja, breitarschig soll man fahren, mir geht aber eben dieser auf Grundeis. Die Autos hinter mir fahren dicht auf und drängeln. An das Rechts-Überholen muss ich mich noch gewöhnen. Auf der nassen Straße spiegeln sich bei diesem Dämmerlicht die Scheinwerfer der Autos unangenehm wider. Zu dem Regen schlägt sich auch die Gischt der vor mir Fahrenden auf dem Visier nieder. Es gibt ganz einfache Scheibenwischerblätter, die man sich auf einen Finger stecken kann. Die Dinger sind sehr wirkungsvoll, man hat sofort wieder einen klaren Durchblick. Bis zur Hälfte der Brücke habe ich eines auf dem Handschuh stecken, danach ist es weg. Ich könnte Walnüsse knacken...

Nach 2,5 km, wieder an Land, weichen die rutschigen Betonplatten griffigem Teer. Direkt nach der Brücke sind viele Autos abgebogen und sofort lässt auch das Gedränge nach.

Bei Dunfermline verlasse ich die Autobahn in Richtung Loch Leven. In Schottland nennt man Fjorde und Seen „Loch", Berge „Ben" und Täler „Glen".

In dem See „Loch Leven" liegt auf einer Insel die Burg „Loch Leven Castle", von der ich wunderbare Fotos gesehen habe und die deshalb auf die Liste meiner Reiseziele geraten ist.

Maria Stuart verärgerte einst den schottischen Adel, indem sie Lord Bothwell, den mutmaßlichen Mörder ihres Mannes, heiratete und wurde 1567/68 hier für fast ein Jahr inhaftiert. Mit der Hilfe ihres jüngeren Geliebten konnte die schöne schottische Königin aber entkommen. Auf der Flucht schloss sie das Tor des Tower House´s ab und warf den Schlüssel in den See, wo er 300 Jahre später gefunden wurde. Sie flüchtete nach England, wo Elisabeth I. sie 19 Jahre lang gefangen hielt und schließlich hinrichten ließ.

Nach wenigen Kilometern komme ich in die Nähe des Sees und folge touristischen Hinweisschildern, die den Weg zur Burg markieren. Wären da nicht diese Schilder, würde ich umkehren. Die Gegend macht nicht den Eindruck, als ginge es überhaupt irgendwo hin. Doch dann liegt plötzlich Loch Leven grau und wenig einladend im Regen vor mir. In der Ferne lassen sich undeutlich die Umrisse einer Insel ausmachen. Dort wird wohl die Burg zu finden sein.

Wie man hinüber kommen soll, ist mir ein Rätsel. Hier geht es jedenfalls nicht. An dem Steg, der in den See hineinragt, liegt nur ein kleines Fischerboot von höchstens zehn Metern Länge. Von einer Fähre fehlt jede Spur.

Ich folge dem Weg aus fest gestampftem Sand noch ein Stück weiter entlang des Ufers, weil er zu einem Gebäude führt, vor dem Sonnenschirme und Sitzgruppen stehen. Es handelt sich um ein Café, das schon geöffnet hat und Frühstück anbietet. Das trifft sich gut, ein heißer Kaffee und etwas zu essen kann jetzt nicht schaden.

Der Ober nimmt meine Bestellung entgegen, eilt in die Küche und erscheint eine Minute später wieder mit der schlechten Nachricht, dass es wegen technischer Probleme heute kein Frühstück gibt. Die Frage, ob er mir denn wenigstens Kaffee bringen könne, bejaht er. „Of course, Sir."

Es dauert nun schon recht lange. Der Kaffee kommt und kommt nicht, ich schaue trübsinnig auf den See und in Gedanken streiche ich Loch Leven Castle schon fast von meiner Liste. Als ich den Ober frage, ob er noch an meinen Kaffee denkt, bekomm ich die sachlich gehaltene Auskunft, dass auch dies wegen technischer Probleme nicht möglich sei. Spitze! Dicker Haken unter Loch Leven Castle! Es geht weiter auf der geplanten Route. Die richtig guten Sachen kommen ja erst noch.

Und zwar nördlich von Dundee. Wenn die Verkehrsknotenpunkte Edinburgh und Dundee erst mal hinter mir lägen, würde ich in das Schottland eintauchen, das mich während der Vorbereitungen so faszinierte, und das das eigentliche Ziel dieser Reise ist.

Etwas verdrossen fahre ich weiter in Richtung Dundee, wo erneut eine meisterhafte Brücke zu bewundern ist. Die Tay Bridge führt über den Firth of Tay in das wenig spektakuläre Dundee hinein. Sie macht wirklich einen großartigen Eindruck.

Wie zu den meisten Sehenswürdigkeiten, so gibt es auch zur Tay Bridge eine kuriose Geschichte zu erzählen: Der Bauingenieur Thomas Bouch vollendete 1878 sein Werk. Wenig später überquerte Königin Viktoria den Firth of Tay auf der neuen Brücke. Sie war dermaßen beeindruckt, dass sie den Ingenieur für seine Meisterleistung adelte. Kein halbes Jahr später stürzte die Brücke ein, als ein Zug sie überquerte. 1887 wurde sie dann erneut fertiggestellt.

Als ich die Tay Road Bridge befahre, macht sie einen robusten Eindruck und führt mich geradewegs in die Innenstadt von Dundee, die eine einzige Baustelle ist. Umleitungen, Schotterpisten, behelfsmäßige Kreisverkehre und Baustellenampeln wohin man schaut. Trotz allem führt der Weg relativ schnell wieder aus der Stadt hinaus. Von nun an erwarten mich für mehr als zwei Wochen keine großen Städte mehr. Mein letztes Stück städtischen Lifestyles besteht aus einem BigMac mit Pommes und Cola beim großen M am Ortsausgang.

Tatsächlich entspannt sich die Fahrt nun zusehends. Die immer weniger werdenden anderen Verkehrsteilnehmer sind rücksichtsvoll und freundlich. Fast nicht zu glauben, dass dieses ruhige Sträßchen eine der wichtigsten Verbindungsstraßen in den Norden sein soll. Rechts taucht die Nordseeküste auf und die Straße führt eine weite Strecke direkt an ihr entlang. Ein Gefühl von Freiheit stellt sich ein. Fast allein auf der Straße die Küste entlang zu knattern, das Moped voll beladen mit allem, was man zum Leben braucht, Wind und Wetter trotzend seinen Weg zu machen, allein dafür hat es sich schon gelohnt, hierher zu kommen.

In dem Küstenort Arbroath liegt an der Durchgangsstraße die Filiale einer Supermarktkette, die auch in Deutschland weit verbreitet ist. Hier besorge ich mir den heutigen Proviant, der aus Scottish Beef Steaks, Brot und Getränken besteht. Schon verrückt, weit weg von zuhause beim Discounter einzukaufen, wo alles genau so aussieht und sortiert ist, wie bei uns. Außer den Riesenplakaten, die verkünden, wie stolz man darauf sei, Schottland dienen zu dürfen, gibt es nur ganz wenige Unterschiede.

Der ganze Ort duftet appetitlich nach Räucherfisch. Schottischer Räucherlachs ist weltweit sehr beliebt, Arbroath jedoch ist bekannt für den „Arbroath

Smokie", geräucherten Schellfisch. Im Hafengebiet sehe ich unzählige Räuchereien und Speiselokale. Das Aroma, das sie verbreiten, lässt einem das Wasser im Mund zusammenlaufen. Meine Lust, im Regen spazieren zu gehen und von dem Fisch zu kosten, ist aber nicht sehr groß.

Viel lieber düse ich jetzt entlang der Küste in Richtung Norden. Auf der Küstenstraße ewig immer weiter zu fahren, zu sehen, wie die Brandung das Wasser weiß aufschäumt und an steilen Klippen entlang zu steuern, ist cool und fühlt sich nach richtig großer Tour an.

Das Grün der Weiden entlang des Weges hat eine Intensität, die die satte Farbe auf den Fotos dieser Gegend sogar noch übertrifft. Hier scheint die Viehzucht eine bedeutende Rolle zu spielen. Die Weiden werden an ihren Längsseiten von niedrigen Mauern aus grob behauenen Steinen begrenzt.

Nach 25 Meilen, das sind bei einem Umrechnungsfaktor von 1,609 etwa 40 km, weist ein Schild auf der Seeseite den Weg zum Besucherparkplatz von Dunnottar Castle. Die Ruinen der Burg, deren Ursprung sich ins 5. bis 9. Jahrhundert zurückverfolgen lässt, thronen auf einem steilen Felsvorsprung, der ins Meer hineinreicht. In 50 m Höhe und nur über einen schmalen Grat erreichbar, liegt die Burg sehr günstig und galt lange als uneinnehmbar. Der berühmte schottische Volksheld William Wallace, im Film „Braveheart" wird er von Mel Gibson dargestellt, machte mit den Engländern in der Burg jedoch kurzen Prozess und ließ eine ganze Garnison bei ledigem Leibe verbrennen. Noch viele andere dramatische Begebenheiten trugen sich auf Dunnottar Castle zu, eine der harmloseren dürfte die Verfilmung Hamlets gewesen sein.

Ab hier ändert sich nun die Richtung, in die ich fahre. Es geht nach Westen in die Grampian Mountains, ein hügeliges Hochland, das von kleinen Flüssen durchzogen ist. Durch wunderschöne Täler führen einsame Straßen zu den zahlreichen Burgen dieser ansonsten scheinbar unberührten Landschaft.

Nun habe ich also die ersten Highlands erreicht und bin vollkommen begeistert. Man riecht förmlich die Freiheit. Das weite Land ist so unbeschreiblich schön, dass ich mir wünschte, ein Fotograf würde auf dem Soziussitz mitfahren und alles Sehenswerte mit der Kamera festhalten. Fast überall entdecke ich tolle Motive, kann aber leider nicht immer anhalten, um zu fotografieren. Bei dem Regen würden die Bilder vielleicht auch nicht so gut gelingen.

Nach Überquerung des River Dee gelangt man zur steilen Auffahrt hinauf zu Crathes Castle. Beiderseits der Allee warnen große Schilder. „Attention! Red Squirrels!" Achtung, Rote Eichhörnchen! Gibt es hier gefährliche Eichhörnchen, oder soll man einfach keine überfahren? Dann erreicht man das Castle, das scheinbar himmelhoch hinauf ragt. Der Eindruck wird noch verstärkt, weil man ja von unten kommt. Dieses noch bewirtschaftete kleine Schloss zählt zu den schönsten Schottlands. Der top gepflegte Park trägt sicher zu seinem guten Ruf bei. Der Knüller allerdings ist die Tatsache, dass Crathes Castle über ein eigenes Schlossgespenst verfügt. Die sogenannte „Green Lady“ treibt seit dem 18. Jahrhundert dort ihr Unwesen. Sie wurde schon von vielen Menschen gesehen, an ihrer tatsächlichen Existenz kann es demzufolge keinen Zweifel geben. Mir zeigt sich die alte Dame leider nicht.

Dafür begegnet mir auf dem Parkplatz ein Ehepaar aus Bayern, das ebenfalls mit dem Motorrad da ist. Wir unterhalten uns über unsere Routen und was wir schon gesehen haben. Schließlich wollen die Beiden zurück in ihr Hotel und ich erzähle, dass ich zum nächsten Campingplatz will. „Du bist ja oan ganz oan Hoarter!“, kommentieren sie mein Vorhaben.

„Stimmt!“, denke ich, als ich die RT durch gefährliches Squirrel-Gebiet den Berg hinab steuere.

Auf der weiteren Strecke fällt mir sehr viel Wild auf. Noch nie vorher sind mir in freier Wildbahn so viele Hasen, Rebhühner, Rehe, Fasane und dergleichen begegnet. Vielen ist die Überquerung der Straße allerdings nicht ganz gelungen. Eichhörnchen waren bisher übrigens nicht bei den überfahrenen Tieren, vielleicht sind sie ja doch gefährlich!

Bei Aboyne zweigt die B9094 von der A93 ab und verlässt das Tal des Dee nach Tarland, wo mein heutiger Campingplatz liegt. Zuvor drehe ich noch eine Runde durch den Ort und halte Ausschau nach Hinweisen auf ein Feld mit prähistorischen Steinkreisen, eine uralte Kultstätte, die sich hier befinden soll. Mir fallen aber keine Schilder auf. Ehrlich gesagt, habe ich jetzt auch viel mehr Lust darauf, in oder vor meinem Zelt zu sitzen und etwas zu essen.

So fahre ich zum Camping and Caravanning Club Tarland by Deeside und hoffe, dass Zelter dort übernachten dürfen. Manche Plätze nehmen nur Wohnwagen und -mobile auf.

Das Haus der Rezeption ist picobello auf Vordermann gebracht und ringsum mit englischen Flaggen geschmückt. Das irritiert mich etwas, denn bisher ist mir eher der schottische Patriotismus in Form von blau-weißen Flaggen und Symbolen begegnet. Da fällt mir das 60. Thronjubiläum der Queen ein, das dieser Tage gefeiert wird. Entweder ist der Platzbetreiber Engländer, oder die Queen kommt hier vorbei, keine Ahnung, Hauptsache ich darf mein Zelt aufbauen.

Das darf ich, und zwar mit 7 Pfund pro Nacht sogar besonders günstig. Das Ehepaar, das den Platz führt, ist ausgesprochen nett.

Als einziger Camper mit Zelt habe ich eine riesige Wiese für mich alleine. Drumherum stehen unzählige sehr geräumige Wohnwagen, es sind aber nicht viele Leute zu sehen.

Der Zeltaufbau geht heute schon wesentlich schneller vonstatten als gestern und im Handumdrehen steht mein Zuhause auf der nassen Wiese.

Eine gute Investition war auf jeden Fall die Vergrößerung der Seitenständerplatte der RT. Bei dem aufgeweichten Boden wäre der serienmäßige Fuß sicher schon lange eingesunken und das Motorrad in maximaler Schräglage.

Nach einer halben Stunde brutzeln die Steaks in der Pfanne, werden schön knusprig und es bildet sich leckerer Bratenfonds, den ich mit einem Brötchen auftunke. Dieses schottische Rind zählt zu den besten Mahlzeiten der letzten Tage. Bei Einbruch der Nacht verkrieche ich mich in den Schlafsack. Draußen regnet es noch immer.

Der Tag war trotzdem sehr schön, die Landschaft und die vielen nie gesehenen Kleinigkeiten entlang des Weges haben mir wahnsinnig gut gefallen.

Als sehr nützlich haben sich bisher der Gaskocher, ein kleiner Regenschirm, 6 Wäscheklammern und ein Bauchgurt für die Wertsachen während des Aufenthaltes auf dem Campingplatz erwiesen. Das Zelt ist klasse, der wintertaugliche Schlafsack ein absolutes Muss. Mit den neuen Reifen der RT war ich heute nicht sehr glücklich, ein paar kleine Rutscher in Kurven, bei denen das Hinterrad leicht versetzte, jagten mir ordentlich Adrenalin in die Blutbahn. Möglicherweise gewöhnt man sich zu sehr ans Regenfahren und übertreibt es dann. Verbuchen wir das mal unter „Erfahrung".

Noch eine Tasse Tee aus der Thermoskanne gibt mir die endgültige Bettschwere und dann schlafe ich zufrieden ein, während der schottische Regen weiterhin schwer aufs Zelt prasselt.

# Tarland by Deeside

(Camping and Caravanning Club)

31. Mai 2012

0 km

Dauerregen, 4° - 9° C

Keine weiteren Camper

Petrus hat noch immer alle Schleusen über Schottland geöffnet. Eine oder zwei Tauben schlagen ganz in der Nähe ihr langweiliges Gurren an. Alle anderen Vögel schweigen bei diesem Wetter.

Als ich mich im Schlafsack zur Seite drehe, um auf die Uhr und das Thermometer zu schauen, höre ich schon ein Gluckern unter dem Zeltboden. In der Wiese hat sich über Nacht eine Menge Wasser angesammelt.

Ein prüfender Griff nach oben, an den Rand des quadratischen Netzes im Zeltgiebel, an dem die Wäsche von vorgestern zum Trocken hängt, attestiert endgültig die Aussichtslosigkeit der Gesamtsituation: 6:30 Uhr, 4° Celsius, Wäsche noch nass, Zelt abgesoffen, Sauwetter. Ein vorsichtiger Blick hinaus bestätigt, dass die Wiese wie erwartet von riesigen Pfützen übersät ist. Das Außenzelt ist inzwischen vollkommen durchnässt und tropft entsprechend eklig, wenn man am Reißverschluss zugange ist. Es schüttelt mich vor Kälte und Nässe. Schnell den Schlafsack wieder bis oben zuziehen und überlegen, was zu tun ist. Wenigstens ist das Innenzelt und der Boden trocken und dicht. Mein Heim bleibt zumindest vorerst noch trocken.

Eine der wichtigsten, wenn nicht die wichtigste Regel auf Reisen lautet bekanntlich: Gesund bleiben! Vor allem zu Beginn der Tour.

Es ist absolut sinnlos, verbissen an der Tourplanung festhalten zu wollen, wenn man dadurch seine Gesundheit gefährdet. Krankheit kann den Rest der Reise schneller zunichte machen, als einem lieb ist.

Deshalb gilt stets: Vorsicht vor unbekannten Lebensmitteln, nicht abgekochtem Wasser, Tieren und allerlei anderen Risiken, denen man aber nicht ganz entgehen kann. Auf meine Situation bezogen bedeutet das: Trocken bleiben! Und nicht zu frieren anfangen! Bei einstelligen Temperaturen will ich nicht riskieren, dass nach und nach alle Klamotten nass oder klamm werden. Was ist, wenn der Regen in den nächsten Tagen nicht mehr aufhört? Dann fahre ich in durchnässten Sachen mit dem Motorrad herum und hole mir im kalten Fahrtwind mindestens den Tod. Das Risiko kann ich vielleicht umgehen, indem ich heute nicht weiterfahre, sondern hier auf besseres Wetter warte.

Auf jeden Fall muss ich dafür sorgen, dass neben dem, was ich trage, eine Garnitur Wäsche, quasi als eiserne Reserve für den Fall der Fälle, immer trocken bleibt. Diese ist in eine Plastiktüte verpackt im linken Koffer bei den Sachen für den täglichen Gebrauch. Meine Planung war in etwa so, dass ich eben diese „Notfallgarnitur" hätte, eine am Leib trage und eine in der Wäsche oder bereits trocken zum Wechseln ist. Und natürlich eine Jogginghose und ein Sweatshirt zum Schlafen. Die müssen hundertprozentig trocken bleiben, ebenso der Schlafsack.

Nun ist aber die Wäsche von vorgestern noch nass, Jeans und Hemd von gestern sind in der Nacht ganz klamm geworden. Die kann ich so nicht einpacken, denn sonst zieht die Feuchtigkeit auch in das ganze andere Gepäck und letztendlich ist nichts mehr wirklich trocken.

Außerdem war von Anfang an einkalkuliert, dass ein Drittel bis die Hälfte der Tage wegen des Wetters unfahrbar sein könnten, oder dass ich einfach an dem einen oder anderen Ort einen Tag bleiben könnte, wenn es mir dort gefällt.

Heute, am fünften Tag der Tour, kann ich also getrost eine Pause einlegen, ohne anschließend dem Zeitplan hinterher zu hinken.

Langer Rede kurzer Sinn: Ich bleibe heute hier und sehe, ob ich die Sachen irgendwie trocken bekomme.

Allein schon, um schnell mal Wasser zu holen, muss ich Stiefel und Regenüberjacke anziehen. Den Regenschirm in der einen, den Kochtopf in der anderen Hand stapfe ich durch das triefend nasse Gras in das ungefähr 100 m entfernte Waschhaus und zurück.

Wasser im Vorzelt zu kochen, ist nicht so einfach. Halb im Regen und halb in der offenen Apside des Zeltes steht der Kessel auf dem Gaskocher und angespannt achte ich darauf, dass die Flamme auch an keiner Seite mit dem Stoff des Außenzeltes in Berührung kommen kann. Das wird einer der wertvollsten und verdientesten Kaffees, die ich je getrunken habe. Und wirklich, unter diesen Bedingungen ist selbst der Instant-Kaffee ein Genuss!

Im wärmenden Schlafsack sitzend betrachte ich, wie die Wolken über die unvergleichlich schöne Landschaft der Grampian Mountains jagen, die Regentropfen in die Pfützen auf der Wiese platschen und wie hin und wieder ein Mensch versucht, ohne allzu nass zu werden, bis ins Waschhaus zu laufen.

Aber entgegen meiner Erwartung langweilen mich diese tristen Bedingungen gar nicht so sehr. Mein Kopf ist voller Eindrücke der letzten Tage. Die Dinge, die mir bisher auf der Insel begegnet sind, erwecken das Gefühl, wirklich weit von zu Hause weg zu sein. Das Land sieht anders aus als gewohnt, die Farben der Pflanzen scheinen intensiver zu sein, Häuser sind oft aus unverputzten Kalksteinen und haben den Schornstein typischerweise ganz am Ende des Daches auf der Stirnseite. Die Sprache ist anders und die Menschen haben höflichere Umgangsformen, wie es mir scheint. Dann wäre da noch der ungewohnte Linksverkehr durch immer dünner besiedelte Landstriche. Ja, ich bin wirklich weit weg und zufrieden. Der Spaß an der Tour wird mir vom Wetter keineswegs verdorben. Der Vormittag hier in den Grampians vergeht wie im Fluge mit Tagebuch schreiben, dösen und im Reiseführer lesen.

Ungefähr zwischen Dundee und dem Kaledonischen Graben, zu dem auch Loch Ness zählt, also schon ein ziemlich zentraler Bereich Schottlands, erheben sich die Grampian Mountains, hier liegen die Grampian Highlands. Es ist eine wildromantische Landschaft, durchzogen von dunklen Tälern (Glens), etlichen tiefen Seen (Lochs) und unübersehbaren Bergen (Bens). Überdurchschnittlich viel Regen oder Schnee und sehr scharfe Winde bestimmen das Wetter das ganze Jahr hindurch. Ausgedehnte Wälder mit ansehnlichem Wildbestand und Hochmoore, die das Wasser der Flüsse torfig braun färben, zählen zu den Markenzeichen der Grampians. Die heutigen Straßen haben ihren Ursprung in Wegen des 17. und 18. Jahrhunderts oder sind noch älter. Neue Wege zu erschließen, ist vielerorts schlicht unmöglich. Oft muss man deutliche Umwege in Kauf nehmen, weil es keine direkte Verbindung von einem zum anderen Ort gibt. Ich finde, es ist schon eine urige Gegend, in die es mich verschlagen hat.

Beim Bezahlen des Platzes für eine weitere Nacht lerne ich erneut die liebenswerte schottische Gastfreundschaft kennen und schätzen. Nachdem er meinen längeren Aufenthalt vermerkt hat, verlangt der Eigentümer des Campingplatzes 14,50 Pfund von mir. Auf meine Frage, warum ich gestern pro Nacht 7 Pfund und ab heute mehr als das doppelte bezahlen soll, zeigt er mir die Preisliste und erklärt, dass 14,50 Pfund der reguläre Preis sind. Gestern habe er mir einfach Rabatt gegeben und wenn ich es wolle, bekäme ich ihn auch heute wieder. Also bezahle ich 7 Pfund, bedanke mich außerordentlich und überlege, ob nun ich der geizigere Schotte bin.

Vor der Tour habe ich gehört, Schotten würden keine englischen Pfundnoten annehmen, sondern nur die, die von der Bank of Scotland ausgegeben werden und ganz anders aussehen, als die englischen Scheine. Meine Bank zu Hause konnte mir innerhalb weniger Tage schottische Währung besorgen. Nur ein kleiner Teil meines Bargeldes habe ich in englischen Scheinen bei mir. Aus Interesse frage ich aber, ob das auch tatsächlich zutrifft und man nur mit schottischen Pfund bezahlen könne. Der Platzwart und ein inzwischen herein gekommener Angestellter erklären entrüstet, dass es genau anders herum sei. Die Engländer nähmen kein schottisches Geld an. „They´re bad!“ (Die Engländer, vermute ich).

Zum Schluss frage ich den Chef noch beiläufig, ob er denn weiß wie das Wetter morgen wird. Da kommt er hinter seiner Theke hervor, legt mir die Hand auf die Schulter und führt mich in eines der Nebenzimmer.

In dem Büro sitzt seine Frau vor einem PC und kümmert sich offenbar um die Buchführung. Der Gentleman (das bin ich) möchte wissen wie das Wetter wird, sie solle das sofort im Internet nachsehen, trägt er ihr auf. Auch sie ist überaus freundlich zu mir und verspricht, selbstverständlich sofort danach zu schauen. Wenig später halte ich einen Ausdruck mit der Prognose für die nächsten drei Tage in den Händen. Die Vorhersage stellt zwar nur 3° bis 9° Celsius in Aussicht, dafür aber viel Sonne mit nur wenigen Schauern. Ich freue mich sehr darauf, wieder im Trockenen fahren zu können.

Am Nachmittag regnet es noch immer und die Wiese steht noch zu großen Teilen unter Wasser. Ich liege in Zelt und lese. In das monotone Plätschern draußen mischt sich plötzlich das immer lauter werdende Getöse eines gigantischen Rasenmähermotors. Das kann nicht sein, wer mäht denn bei diesem Wetter? Und dann erscheint der Platzwart auf einem großen Aufsitzrasenmäher und mäht unter unglaublicher Lärmentwicklung die Wiese. Kein Witz! Mein

Zelt und die RT umfährt er großräumig. Er hat einen ledernen Cowboy-Hut auf und gibt ordentlich Gas, damit er schnell fertig wird. Das hätte ich nicht für möglich gehalten. Aber bei den hiesigen Wetterverhältnissen kann man nun mal auf solche Kleinigkeiten wie Regen keine Rücksicht nehmen, wenn der Rasen gemäht werden muss...

Der Rest des Tages vergeht recht schwerfällig mit Lesen, Tütensuppe kochen, mit dem Schirm in der Hand spazieren gehen und die Seele baumeln lassen.

Zum Glück fahre ich morgen wieder.

# Tarland by Deeside - Boat of Garten

01. Juni 2012

254 km

Sonne, kaum Wind

morgens 3° C

tagsüber 14° - 17° C

Hängebrücke über den River Dee

Heute bin ich sehr früh aufgestanden, um 6:00 Uhr war die unruhige Nacht für mich zu Ende. Die Packtaschen am Motorrad sind jetzt, um kurz vor sieben, schon fertig beladen. Nun muss ich nur noch das Zelt einpacken.

Dass an diesem Morgen alles sehr zügig abläuft, liegt zu einem Teil an der Vorfreude auf die Weiterfahrt, zum anderen daran, dass es im Zelt reichlich ungemütlich wurde. Es ist kalt und mir tun alle Knochen weh. Über Nacht zeigte die Luftmatratze nämlich erste Ermüdungserscheinungen und verlor immer wieder gerade so viel Luft, dass sie ausgesprochen ungemütlich wurde. Bis zur Morgendämmerung versuchte ich erfolglos herauszufinden, wo das Loch in der Matratze ist.

Bei erfrischenden 3° C musste ich mir zusätzlich die Fleecejacke über mein Sweatshirt ziehen um nicht im Schlafsack zu frieren. Die Angabe der Komfort -Temperatur auf seinem Packsack stimmt also genau, sie ist mit 3° C angegeben. Darunter wird es in normalen Sachen echt kalt. Es heißt immer, man solle im Schlafsack so wenig wie möglich anziehen, nur dann könne er ordentlich warm werden. Das stimmt aber eindeutig nicht! Mit den warmen Klamotten ist es zwar unbequemer, aber die Temperaturen sind dann wenigstens erträglich.

Dennoch, trotz aller widrigen Umstände, ist meine Stimmung hervorragend. Es regnet nicht, die Fahrt geht endlich weiter. Im eintönigen Grau des wolkenverhangenen Himmels zeigen sich bereits erste Lücken, durch die blauer Himmel zum Vorschein kommt und einen schöneren Tag verspricht als es die bisherigen waren.

Zwar ist das Zelt beim Einpacken noch recht nass, aber wenn ich mit dem Wetter Glück habe, kann es auch in Boat of Garten, meinem heutigen Ziel, trocknen.

Vom frostigen Tarland fahre ich zurück auf die A93, das gemütliche Sträßchen, das mich durch die Grampian Highlands über Ballater und Braemar bis in das weiter südlich gelegene Bridge of Cally bringen soll. Von dort geht es weiter in Richtung Norden.

Die Griffheizung lässt meine Finger wieder auftauen, die in der Nässe und Kälte blau angelaufen waren. Zum ersten Mal bin ich wirklich froh darüber, diesen Luxus zu haben.

Entlang des River Dee erreiche ich Ballater sehr schnell und genieße das Fahren durch den dichten Wald, das weiter aufklarende Wetter und immer wieder die phantastischen Fernsichten auf die umgebenden Berge. Meist führt die Straße direkt am schnell fließenden Dee entlang, der für seinen Reichtum an Lachsen bekannt ist.

Nun bin ich schon im Balmoral Forest, dem königlichen Wald. Er umgibt Balmoral Castle, den Sommersitz der Queen. Seit 150 Jahren ist dies die Residenz der Windsors in Schottland. Traditionell kommen die Royals im August und September hierher und besuchen die Highland Games, die dann im benachbarten Braemar ausgetragen werden. Dieser

Brauch geht auf Queen Viktoria zurück, die geradezu in Schottland vernarrt gewesen sein soll.

Wenn die heutige Queen nicht gerade auf Balmoral Castle weilt, darf man als normaler Sterblicher Park und Ballsaal des Schlosses besichtigen.

Aber als ich auf den Parkplatz vor dem Information Centre am Eingang des Schlosses rolle, sehe ich schon, dass entweder jemand aus der Königsfamilie da sein muss, oder im Zuge der Thron-Jubiläumsfeiern die Besichtigung zurzeit nicht möglich ist. Schnell schreibe ich im Souvenir-Shop die obligatorischen Ansichtskarten an meine wichtigsten Leute, dann düse ich weiter durch die wildreichen königlichen Wälder, wunderbar.

Während einer kurzen Pause entdecke ich zufällig eine ganz versteckt gelegene weiße, eiserne Hängebrücke über den Dee. Sie ist nicht sehr breit, ein Auto passt sicher nicht darauf, ein Pferd aber schon, oder eine RT. Zumindest auf dieser Seite des Flusses führt allerdings kein befahrbarer Weg zu der Brücke, in meiner Karte ist sie auch nicht eingezeichnet. Obwohl ihre Größe und Erscheinung wirklich eindrucksvoll sind, ist sie nirgends als Sehenswürdigkeit verzeichnet. Vielleicht führte sogar einst eine der mysteriösen Whiskey-Schmugglerrouten über diese namenlose Brücke?

Kaum ein Auto begegnet mir auf dem weiteren Weg nach Braemar, dem winzigen 400 Einwohner zählenden Ort, der im Wesentlichen durch die Austragung der Highland Games seine Bedeutung gewonnen hat. Am Ortseingang liegt rechter Hand in einer Lichtung des Waldes Braemar Castle. Ich halte auf einem Waldparkplatz in Sichtweite der Burg an und mache einen kleinen Spaziergang zu dem Anwesen aus dem 17. Jahrhundert. Dort treibt angeblich der Hausgeist „The Black Colonel“ sein Unwesen. Es handelt sich hierbei um den Geist des ehemaligen Hausherrn John Farquahrson of Invercauld, der 1689 Braemar Castle niedergebrannt haben soll. Seit seinem Tode findet er keine Ruhe und spukt durch das wieder aufgebaute Gemäuer. Man erzählt, dass er ohnehin nicht der freundlichste Zeitgenosse gewesen sein soll, so hatte er beispielsweise die liebenswerte Angewohnheit, seinen Diener mit Schüssen aus der Pistole herbei zu rufen.

Ganz in der Nähe sehe ich den Friedhof von Braemar und stelle anhand der Jahreszahlen auf den Grabsteinen fest, dass er quasi noch „in Betrieb“ ist. Aber er sieht auf den ersten Blick aus, wie eine historische Stätte, die seit Menschengedenken verlassen ist. An den Grabsteinen wächst Moos, sie stehen eigentlich alle irgendwie schief und vor allem befindet sich kein Grabfeld davor, wie es bei uns üblich ist. Nur ein schiefer Stein, der vor sich hin verwittert, ist offenbar alles, was in Schottland an jemanden erinnert, wenn er das Zeitliche gesegnet hat.

Bevor ich in trübsinnige Gedanken verfalle, sitze ich lieber wieder auf und fahre nun auf der A93 vorübergehend gen Süden durch die Gebirgsgruppe „The Cairnwells“.

Obwohl diese Gegend, durch die nahe gelegenen Skigebiete, zu den touristisch am meisten genutzten

Landstrichen Schottlands gehört, hat man dennoch nie den Eindruck, dass es vom Fremdenverkehr überlaufen sei und man nur einer von vielen Besuchern ist. Ganz im Gegenteil, überall wo ich heute hinkomme, bin ich allem Anschein nach der einzige Nicht-Schotte.

Die Landschaft verändert sich nun zusehends. Immer weniger der gewohnten Bäume wie Eichen, Tannen und Kiefern wachsen hier oben, dafür weicht der Wald farbenprächtigen Heidekrauthängen, bodennahen Sträuchern und widerstandsfähigen Gräsern. Imposante Berge und sanft gewellte Hügel, kleine, von schmalen Rinnsalen durchzogene Täler und darüber der inzwischen strahlend blaue Himmel, über den der Wind weiße Quellwolken schiebt, verleihen den Highlands eine Atmosphäre grenzenloser Weite. Ich bin mir bewusst, dass dies vielleicht nur ein Vorgeschmack auf die wirklich endlosen Highlands weiter im Norden ist, bin aber schon jetzt vollkommen überwältigt beim Anblick dieser Schönheit.

Nach einigen Kilometern, auf denen die Straße stetig an Höhe gewinnt, überquere ich den ersten Pass dieser Reise, den „Devil´s Elbow". Auf 655 Metern Höhe ist er der einzig mögliche Durchgang durch die „Cairnwells".

Von der Passhöhe an führt die Straße über ein ansehnliches Gefälle hinab ins Glen Shee. Schöne Kurven folgen dort dem Verlauf des River Shee.

Weit und breit ist kein anderer Mensch zu sehen, aber als ich einmal kurz anhalte, um ein Foto zu machen, steht prompt ein englischer Biker neben mir und fragt, ob ich Hilfe brauche. Ebenso schnell verschwindet er wieder, als ich seine Frage verneine. Ein Geist?

In Bridge of Cally möchte ich von der A93 abbiegen auf die kleine A924 nach Pitlochry. Auf der Karte macht sie einen interessanten Eindruck und ich hoffe, den Abzweig nicht zu verpassen.

Dann plötzlich stehe ich ganz unerwartet vor einem wichtigen Gebäude des Ortes, dem „Post Office of Bridge of Cally". Das Haus, das an den Bahnhof einer winzig kleinen, unwichtigen Nebenhaltestelle erinnert, beherbergt dennoch das Postamt, ein Internetcafé, einen Spielwarenshop und einen Tante Emma Laden mit den wichtigsten Gebrauchsgütern des täglichen Lebens. Der Ort selbst bleibt mir jedoch verborgen, ich habe keine Ahnung, wo er sein könnte.

Weil das Häuschen mit seinen roten Säulen am Eingang und den gleichfalls rot lackierten Verzierungen am Giebel so verspielt aussieht wie ein Märchenhaus, halte ich an und suche einen Platz von dem aus sich ein schönes Foto davon machen lässt.

Doch bevor das Bild im Kasten ist, kommt ein Auto und parkt genau vor dem Gebäude und steht damit natürlich mitten im Bild. Stundenlang habe ich kein einziges Auto gesehen, aber jetzt muss ein VW „UP" hier parken. Es steigt ein älteres Ehepaar aus dem Wagen, die Dame geht zur Post, der Mann betrachtet die RT und dann schließlich mich. Dann beginnt er mit mir ein Gespräch, bei dem er mit sichtlicher Freude seine rudimentären Deutschkenntnisse hervorkramt. Obwohl es sehr schwierig ist, ihn zu verstehen, macht mir das Gespräch ebenfalls viel Spaß. Er erzählt Geschichten von früher, als er von 1954 bis 1956 in Duhseldohf (Düsseldorf) lebte und arbeitete.

Natürlich interessiert es ihn, wohin ich heute noch fahren will. Als ich es ihm erzähle, rät er mir aber dringend davon ab, auf der geplanten Route zu bleiben. So wie ich ihn verstehe, hat sich im weiteren Streckenverlauf ein Unfall ereignet, bei dem zwei Menschen zu Tode kamen. Die Auswahl an Alternativstrecken ist aber sehr klein und ich möchte meine Route eigentlich auch gar nicht ändern.

So biege ich hier auf den schmalen Weg nach Pitlochry ab, wie ich es mir vorgenommen hatte. Zwei Autos könnten so eben noch vorsichtig aneinander vorbei kommen, deshalb ist die A924 wohl noch keine der echten Single Track Roads, auf die ich mich schon so sehr freue. Die sind noch schmaler und haben kleine Ausweichbuchten, um den Gegenverkehr passieren zu lassen, oder Nachfolgenden eine Möglichkeit zum Überholen zu geben. Weiter oben im Norden sind sie die weitaus häufiger anzutreffende Form des Straßenbaus.

Hier auf dieser Route bekomme ich wieder das Gefühl, auf einer Modelleisenbahn unterwegs zu sein. Die Fahrbahn richtet sich total nach der Form des Geländes darunter, und wo ein kleiner Hügel ist, da hat eben die Straße auch einen Buckel. Mehrmals werden beim Überqueren solcher Unebenheiten die Räder leicht und es fühlt sich an, als würden sie kurz abheben, cool.

Was ich hier auch schon kennen lernen darf, sind Schafe auf der Fahrbahn. Immer wieder erkennt man in der weitläufigen Landschaft unbeaufsichtigte Schafherden. Einzelne Tiere oder kleine Gruppen grasen neben der Straße und können unverhofft die Seite wechseln. Ich habe das Gefühl, sie sehen die Fahrzeuge gar nicht als Bedrohung an, denn sie geraten absolut nicht in Stress, wenn man nahe an sie heranfährt.

Ab Pitlochry möchte ich auf der A9 weiter nach Norden fahren, eine Schnellstraße zwar, aber in dieser Gegend die einzige Möglichkeit, durch die Grampians zu kommen. Durch den Pass of Killiecrankie, eine Schlucht des River Garry, fahre ich ein kurzes Stück bereits auf der A9, dann schwenke ich für einen kleinen Abstecher zum bekannten „Queen´s View" nach Westen in Richtung des Loch Tummel. Ein relativ kleiner Wegweiser lotst mich auf eine kurvige Strecke durch den Wald hinauf zu dem Aussichtspunkt, der durch den Besuch der damaligen Queen Viktoria 1866 erst berühmt wurde. Seinen Namen aber verdankt Queen´s View wahrscheinlich Queen Isabella, der Frau von Robert the Bruce, die ebenfalls die umwerfend schöne Aussicht von diesem Punkt aus liebte.

Oben angekommen stelle ich die RT auf dem Besucherparkplatz eines Souvenirladens ab. Nichts los hier, wo ist nun die tolle Aussicht? Ringsum ist nur Wald. Macht nichts, dann setze ich mich eben dort drüben an den Holztisch und mache eine kleine Rast.

Und nur ein paar Meter weiter, auf dem Weg zur Sitzgruppe, eröffnet sich ganz unvermittelt zwischen den Bäumen hindurch ein Weitblick, wie er majestätischer nicht sein könnte. Unten im Tal liegt der scheinbar endlose Loch Tummel mit seinen bewaldeten Inseln und spiegelnder Wasseroberfläche, eingerahmt von ebenfalls waldbestandenen Hügeln und dem 1083 Meter hohen Schiehallion, der auch im Frühsommer noch eine Schneekappe trägt. Darüber blauer Himmel mit strahlend weißen Schäfchenwolken. Das ganze Panorama wirkt in der Tat wie für königliche Augen inszeniert. Die Farbenpracht und Stimmung, die dieser Anblick in sich birgt, sind unglaublich. Der Abstecher hierher hat sich mehr als gelohnt. Ein paar Minuten stehe ich da und versuche, dieses grandiose Bild vollständig in mich aufzunehmen. Leider verblasst ja mit der Zeit das Gefühl, das man beim Anblick selbst so erhabener Dinge in sich hatte. Fotos vermitteln oft nur dem, der sie geschossen hat, die Stimmung, die die Szene damals bei ihm hervorrief.

Noch ganz beeindruckt davon, dass es solche Postkartenmotive tatsächlich und unretuschiert in der Wirklichkeit gibt, fahre ich zurück zur A9.

Der nächste Ort auf meiner Route ist Blair Atholl, dort befindet sich das schneeweiße Blair Castle, in dem Besuchern das Leben des schottischen Adels im Laufe der vergangenen Jahrhunderte nahegebracht wird. Die Besonderheit dieses Ortes liegt allerdings darin, dass der Duke of Atholl mit Erlaubnis Queen Viktoria´s von 1854 noch heute der einzige Brite ist, der eine Privatarmee unterhalten darf und dies auch tut. Die Armee des Herzogs besteht aus 80 Soldaten, 14 Dudelsackspielern und 8 Trommlern. Die „Atholl Highlanders“ marschieren jedes Jahr am letzten Samstag im Mai eindrucksvoll auf dem Schlossplatz auf, schießen Salut und spielen ihre selbst komponierten Melodien. Leider habe ich dieses Spektakel knapp um ein paar Tage verpasst.

Nur wenige Kilometer weiter, kurz vor Calvine, fahre ich an einen Stau heran. Etliche Leute sind schon aus ihren Autos ausgestiegen und laufen gelangweilt herum, so als wüssten sie sicher, dass vorerst nicht mit einem Weiterkommen zu rechnen sei. Uniformierte der Polizei und Straßenmeisterei sorgen für einen ordnungsgemäßen Ablauf des Geschehens. Weiter vorne hat vermutlich der Unfall stattgefunden, vor dem man mich bereits in Bridge of Cally gewarnt hat. Ich mache den Motor aus und stelle mich auf eine längere Wartezeit ein. Aber noch bevor ich absteige, fällt mir ein Polizist auf, der ein gutes Stück weiter vorne steht und nun scheinbar zielgerichtet auf mich zu geht. Was kann der von mir wollen? Zwanzig Meter vor mir bleibt er stehen und dirigiert mich mit weit ausladenden Armbewegungen schräg nach vorne über die Straße. Ich folge seinen Anweisungen, lasse den Motor wieder an und sehe neugierig in die Richtung, in die ich fahren soll. Er will mich auf einen geschotterten Fuß- oder bestenfalls Radweg lotsen. RT? Schotter? Als ich direkt bei ihm bin, halte ich an und frage, ob ich wirklich auf den Radweg fahren soll. „You´ve got a bike, right?“, lautet die autoritäre Antwort. „Du hast doch ein Rad, oder?“ Also gut, fahre ich mit der RT eben über Schotterwege. Besser, als stundenlang warten zu müssen, ist das allemal, aber auch spannend, weil ich keine Erfahrung abseits geteerter Straßen habe.

Der Weg führt ein Stück entlang des kleinen River Garry, dann durch das Glen Erochty unmittelbar am Erochty Water entlang. Das Flüsschen hat mit seinem torfbraunen Wasser die großen weißen Kalksteine und -felsen in so wunderbare Formen geschliffen, als sei ein Künstler am Werk gewesen. Außer mir ist hier kein Mensch unterwegs und niemanden stören meine häufigen Fotostopps. In der Ferne entdecke ich zwei uralte, dem Verfall preisgegebene Bauernhäuser, zu denen kein Weg mehr hinführt. Schon sehr lange kümmert sich niemand mehr darum. Wie interessant wäre es, zu Fuß dorthin zu gehen und vielleicht Spuren vom Leben der alten schottischen Generationen zu entdecken?

Aber dann mündet der Radweg in eine Art geteerten Feldweg. Nun folgen meine ersten Kilometer auf einer echten Single Track Road, die gerade breit genug für ein Auto ist, aber als vollwertiger öffentlicher Verkehrsweg zählt, und nicht etwa dem landwirtschaftlichen Betrieb vorbehalten ist. Endlich liegt wieder Teer unter den Rädern, auf Schotter fährt es sich doch unangenehm schwammig mit der Großen. Nach etwa einer halben Stunde überquere ich eine kleine Anhöhe und blicke von dort plötzlich auf die Unfallstelle, die von etlichen blinkenden Polizei- und Rettungsfahrzeugen abgesichert wird. Ein Bild totaler Verwüstung bietet sich mir. Zwei Lastwagen sind frontal ineinander geprallt. Ihre Ladung, die wohl bei einem aus Papier bestand, übersät die Straße mit farbigem Chaos. Die Fahrzeuge dahinter stehen völlig ohne sinnvolle Anordnung kreuz und quer neben- und teilweise aufeinander. Ein Hubschrauber nähert sich. Der Unfall muss sich doch bereits vor Stunden ereignet haben und dennoch konnte man noch keinen Weg für den nachfolgenden Verkehr frei räumen. Angesichts dieser Tragödie fühle ich mich in meinem persönlichen Glück plötzlich ganz unbehaglich. Wie sehr habe ich den Umweg hierher genossen, der erst durch diese Katastrophe, bei der zwei Menschen ihr Leben verloren hatten, notwendig geworden war. Meine Gefühle sind zwiegespalten, als mich der Weg ganz dicht am Geschehen vorbei und dann schließlich wieder auf die A9 führt. Auch hier bin ich wieder ganz alleine unterwegs, von hinten könnte ja bestenfalls ein Motorrad auf dem gleichen Weg nachkommen, den ich gefahren bin, oder Einsatzfahrzeuge vom Unfallort.

Bei schönstem Wetter fahre ich gedankenversunken weiter. Zu beiden Straßenseiten werden die Baumbestände immer dichter, bis der Wald von Atholl sich eng an die Straße drängt. Beleuchtete Warnschilder mit eindringlichen Hinweisen auf gefährlichen Wildwechsel stehen auf beiden Seiten der Strecke. Noch berührt von dem eben erst gesehenen Unfall nehme ich etwas Gas raus. Und wirklich, es dauert nicht lange, da sehe schon in einiger Entfernung vor mir etwas auf der Fahrbahn liegen, das wie ein großes Tier aussieht. Beim Näherkommen stellt sich heraus, dass es sich um einen Hirschen handelt, der hier den Unfalltod gefunden hat. Niemand kümmert sich darum, ihn von der Straße zu schaffen. Für eine einzelne Person ist er auch einfach zu schwer.

Wenn ich bedenke, wie groß das Tier ist, bin ich heilfroh, dass mir noch keines dieses Kalibers in die Quere kam. Läuft so ein Brocken aus dem Wald knapp vor das Motorrad, hast du keine Chance mehr, den Zusammenprall zu verhindern. Langsam rolle ich daran vorbei und fahre dann weiter auf meinem Weg. Hochkonzentriert und stets den Waldrand im Blick, möchte ich so vorsichtig wie möglich sein, bin mir aber dessen bewusst, dass auch einfach eine gute Portion Glück dazu gehört, derlei Unfällen zu entgehen.

Bis zu meinem Tagesziel werden es noch 30 oder 40 Meilen, pi mal Daumen etwa 50 bis 60 Kilometer sein. Ich freue mich schon darauf, im Zelt zu liegen und meine Gedanken sortieren zu können.

Schon bald erreiche ich Boat of Garten, einen kleinen verträumten Ort mit 700 Einwohnern im Cairngorm National Park. Das Dorf ist für sein beachtliches Vorkommen von Fischadlern bekannt, die in dem nahegelegenen See „Loch Garten" ausgezeichnete Jagdgründe finden.

Gleich am Ortseingang liegt links der Campingplatz. Im Büro sind zwei junge Leute, offenbar das Ehepaar, dem der Platz gehört, in ein Gespräch vertieft, von dem ich nicht ein einziges Wort verstehe. Aber dann wenden sie sich mir zu und fragen in verständlichem Englisch, was sie für mich tun können. Ich sage, dass ich gerne eine Nacht bleiben würde und der junge Mann meint, das sei kein Problem, es koste nur 156,50 Pfund. Scherzkeks! Ich weiß nicht so recht, wie ich auf den Witz reagieren soll. Lachend sage ich, okay, er könne jetzt anfangen, mein Zelt aufzubauen, das sei in dem Preis sicher inbegriffen. Das drückt den Preis schließlich auf sagenhafte 6,50 Pfund. Auf einem Plan zeigt er mir, wo die Wiese für die Zelte ist. Aufbauen muss ich es aber selbst.

Das schaffe ich in wenigen Minuten. Im Nu ist das Gepäck im Zelt und die nassen Sachen auf der Wäscheleine verteilt, die Luftmatratze aufgepustet und der Schlafsack darauf entrollt. Meine Bude ist somit wieder fertig eingerichtet. Dank des schönen Wetters ist innerhalb einer Stunde alles, was ich nass eingepackt hatte, wieder trocken. Klasse. Auch hier bin ich der einzige Zelt-Camper, alle anderen wohnen in ihren riesigen Wohnwagen, die meist feste Standplätze haben und ständig an ihrem Platz installiert sind. Ein Rundgang über den Platz und eine Besichtigung der sanitären Anlagen bringen mich zu dem Entschluss, heute lieber nicht zu duschen, sondern alle hygienischen Erhaltungsmaßnahmen bis zur nächsten Gelegenheit aufzuschieben.

Aus nicht allzu großer Entfernung höre ich das durchdringende Pfeifen einer Dampflok. Boat of Garten liegt an der alten Strathspey Railway nach Dufftown, die heute noch von einer Gesellschaft für Dampf-Museumsbahnen betrieben wird. Die Loks und Waggons erinnern stark an den Zug, den einst ein bekannter Zauberlehrling auf Bahnsteig neun dreiviertel bestieg.

Nach ausgiebigem Spaziergang durch den malerischen Ort freue ich mich nun auf mein Abendessen, das heute aus Sandwichs von der Tankstelle und Cola bestehen wird. Auf dem Sozius der RT sitzend, beobachte ich, gemütlich ans TopCase gelehnt, den Sonnenuntergang und freue mich des Lebens.

Abends höre ich von Leuten, die wegen des Unfalls auf der A9 von Pitlochry bis hierher sieben Stunden unterwegs waren, statt wie üblich eine oder höchstens zwei. Für Autos gibt es einfach keine sinnvolle alternative Strecke, man müsste schon auf eine der Küstenstraßen ausweichen, das würde aber wahrscheinlich noch länger dauern. In der Dämmerung krieche ich ins Zelt und lege mich auf die Luftmatratze, um noch etwas zu lesen. Eine böse Überraschung erwartet mich. Die Matratze ist inzwischen vollkommen platt. Alle Ventilstöpsel sind zu, das Ding muss demzufolge ein Loch haben, das es nun zu finden gilt. Flickzeug ist in der Werkzeugrolle, hoffentlich lässt sie sich noch reparieren. Bei mittlerweile Taschenlampenbeleuchtung finde ich die undichte Stelle und beginne damit, einen Flicken aufzukleben. Es ist aber wieder recht kalt geworden und irgendwie scheint es, als sei der Kleber entweder zu alt, oder bei dieser Temperatur unbrauchbar. Er klebt überhaupt nicht. Na dann, gute Nacht! Morgen kaufe ich mir eine neue Luftmatratze.

# Boat of Garten - Dunnet Bay

02. Juni 2012

339 km

Regen, Sonne, Regen

morgens 1° C

mittags 14° C

Im stürmischen Norden auf Dunnet Bay Campsite

Ganz in der Nähe des Campingplatzes und lend leicht zu finden liegt der kleine Ort Carrbridge, den ich heute als erstes Zwischenziel besuchen möchte. Es soll hier einen überaus interessanten Lehrpfad geben, der Wissenswertes über das Leben in den Highlands vermittelt, und eine originelle Steinbogenbrücke über ein kleines Flüsschen, die ich unbedingt sehen möchte.

Während ich die RT nur knapp über Leerlaufdrehzahl durch das Städtchen laufen lasse, schaue ich mich in der Hauptstraße um und genieße dabei die ersten Sonnenstrahlen des Tages, die mich in meinen dicken Sachen nach der kalten Nacht wieder schön aufwärmen.

Sehr viel größer als Boat of Garten scheint Carrbridge nicht zu sein, denn nach ein paar hundert Metern bin ich bereits wieder am Ortsausgang angelangt. Mehr Geschäfte, als eine Bäckerei, einen Fleischer und eine Tankstelle am Ortsende, entdecke ich nicht.

Ganz wichtig ist es heute, einen Shop zu finden, in dem es Luftmatratzen zu kaufen gibt. Vergangene Nacht lagen die Temperaturen nur knapp über dem Gefrierpunkt. Ohne bequeme Unterlage bei der Kälte auf dem harten Boden zu liegen, war schon unangenehm. Ganz sicher hat es auch etwas mit meinem Alter zu tun, dass ich mich nicht mehr so leicht mit solchen Bedingungen zurechtfinden kann. Jedenfalls war ich schon sehr früh auf den Beinen, weil ich einfach nicht mehr liegen konnte. Eine neue Matratze muss her!

Weil ich sowieso tanken und endlich mal nach der Luft in den Reifen sehen muss, nutze ich die Gelegenheit und fahre gleich hier auf den Hof der Tankstelle. Hoffentlich gibt es neben Sprit und Öl auch ein Sortiment an Lebensmitteln, Schwimmreifen und Luftmatratzen, wie man es von Deutschland her kennt. Seit ich unterwegs bin, besteht meine Verpflegung hauptsächlich aus Tankstellenkost, die gar nicht so übel ist. Davon werde ich auch wieder etwas mitnehmen.

Am Kompressor für den Reifendruck stoße ich allerdings auf ein Problem, das ich noch nicht bedacht hatte: Die Skala zeigt den Luftdruck statt in bar nur in psi an und ich kenne den Umrechnungsfaktor noch nicht. Die RT fühlt sich beim Fahren aber noch ganz gut an. Statt jetzt irgendwas zu probieren, verschiebe die Kontrolle einfach. Bei Gelegenheit suche ich im Internet, wie man die Einheiten umrechnet. Hat sich also schon gelohnt, meinen Handytarif um den Netzzugang zu erweitern.

Im Kassenhaus sehe ich Fotos vom gestrigen Unfall auf fast jeder Titelseite der verschiedenen Tageszeitungen. Es gab wohl auch einige Verletzte, zum Glück aber keine weiteren Todesfälle. Die Fotos zeigen die verheerende Szene, die sich mir schon gestern bot, aus jedem Blickwinkel.

Der Tankwart, dem ich beim Bezahlen gestenreich erkläre, dass ich eine Luftmatratze brauche, versteht partout nicht, was ich damit meine. So exotisch ist mein Wunsch doch gar nicht. Was soll ich tun? Hier komme ich jedenfalls nicht weiter.

Draußen fahre ich unschlüssig vom Platz und überlege, wo nun diese berühmte „Pack Horse Bridge" sein könnte, die der eigentliche Grund dafür ist, dass ich überhaupt in Carrbridge bin. Wenn ich sie auch nicht finde, hat sich die Fahrt hierher ja echt nicht gelohnt.

Wieder auf der Mainstreet stelle ich beim Blick nach rechts in eine Seitenstraße fest, dass die gesuchte Brücke sich gleich neben der Tankstelle befindet und ich mittlerweile schon mindestens drei Mal daran vorbei gefahren bin, ohne sie zu bemerken. Sofort halte ich an, lasse die Maschine auf der Straße stehen und gehe hinüber zur Brücke. Hier kommen nicht so viele Autos vorbei, dass das Motorrad jemanden ernsthaft stören würde.

Auf der anderen Straßenseite führt ein kurzer Weg über eine hölzerne Treppe hinunter zum River Dulnain, den die uralte Brücke überspannt. Es handelt sich um eine bogenförmige Steinbrücke, deren Aufgabe es einst war, schwer beladenen Packpferden die Überquerung des kleinen Flusses mit dem whiskyfarbenen Wasser zu ermöglichen. Sie ist sehr schmal und verfügt über keine sichernden Geländer, an denen die Packtaschen der Pferde hätten hängen bleiben können. Im Sonnenschein bietet sich mir eine idyllische Szene, die kaum mehr Ruhe und Harmonie ausstrahlen könnte.

Als ich dann wieder oben an der Straße ankomme, steht hinter meiner RT, auch auf der Fahrbahn, eine Deauville. Ihr Fahrer zieht sich gerade Helm und Handschuhe aus und betrachtet mein Motorrad. Er wirkt ziemlich gestresst, der Kerl sollte sich mal ein paar Minuten unten an die Brücke setzen. Seine bordeauxrote Honda ist erstklassig gepflegt und sieht schnittig aus. Das sage ich ihm auch so, und dass ich mich freue, mal wieder eine Deauville zu sehen, weil ich vor der BMW selbst eine hatte. Er fühlt sich zwar geschmeichelt, gesteht aber, dass er eigentlich lieber ein paar PS mehr hätte und schon lange über den Kauf eines anderes Motorrades nachdenke.

Wir quasseln ein bisschen über die Vorzüge des jeweiligen Mopeds, dann zeigt er mir sein Roadbook, das verschiedene Stationen enthält, die auch auf meiner Liste stehen. Er deutet auf den Fotoapparat in seiner Hand und möchte wissen, wo jetzt diese verdammte Brücke sei. Er befinde sich nämlich auf einer Rallye und müsse alle vorgegebenen Stationen der Liste anfahren und ein Bild davon machen. Wenn alle Teilnehmer wieder zum Startpunkt zurückgekehrt sind, wird der Sieger an Hand der benötigten Zeit und der gefundenen Zwischenstationen ermittelt. Zum Beweis müssen alle Etappenziele fotografiert werden.

Klar, dass er im Stress ist und um so anerkennenswerter, dass er sich die Zeit genommen hat, freundlich mit mir zu plaudern, ohne mich seine Eile spüren lassen zu wollen. Mir scheint Freundlichkeit eine typisch englische Eigenschaft zu sein, gentlemanlike eben.

Die Brücke ist von hier aus eigentlich gut zu sehen und ich zeige darauf. Er sprintet sofort los. Im Weglaufen deutet er auf die RT und ruft mir zu: „Keep

the shiny side up!" , behalte die schöne/glär
Seite oben! Ich muss über den coolen Spruch lac
und wünsche ihm „Good luck". Sein Rat ist klasse, daraus ließe sich sogar ein Lebensmotto formulieren. Dieses zufällige Treffen hat mir sehr gefallen und zufrieden verlasse ich Carrbridge in Richtung Inverness.

Erneut führt mein Weg ein paar Meilen über die A9, die ich aber bald endgültig verlassen werde. Sie ist nicht die angenehmste Straße, aber unumgänglich, wenn man Richtung Norden fahren will. Als längste Straße Schottlands wird sie wegen ihrer Bedeutung und Form auch „Spine of Scotland", das Rückgrat Schottlands genannt. Allerdings gilt sie als sehr gefährlich und unfallträchtig, was ich nur bestätigen kann. Nur noch ein kurzes Stück, dann kann ich auf kleineren Straßen und den einsamen Single Track Roads hinauf an die Nordküste fahren.

Vorher steht als nächstes Zwischenziel Culloden Battlefield an. Das Navi führt mich nun über eine herrlich kleine Straße durch Wälder und entlang großartiger Landschaften bis zu dem im Hochmoor „Culloden Moor" gelegenen Schlachtfeld. Im Jahre 1746 wurde hier die letzte Schlacht zwischen Engländern und Schotten geschlagen. Die Schotten erlitten eine verheerende Niederlage. Der englische „Duke of Cumberland" ließ alle Highlander niedermetzeln und ging als „Schlächter von Culloden" in die britische Geschichte ein. Von da an war es um die schottische Freiheit geschehen, es folgten schwere Zeiten der Unterdrückung durch die Engländer. Ein großes

Besucherzentrum informiert nun ausgiebig über die englischen Gräueltaten. Es berührt einen schon irgendwie, wenn man den Blick über das Feld schweifen lässt, das damals von Blut durchtränkt gewesen sein muss.

Einsetzender Regen beendet meine sentimentalen Anwandlungen, als ich die Fahrt fortsetze. Mein nächster Halt wird am berühmten Loch Ness sein. Ob es eines der Highlights der Reise sein wird, wird sich herausstellen, dort gewesen zu sein, ist aber ein absolutes Muss. Keine Schottland-Rundreise ist je vollständig, wenn sie nicht an diesen legendären Ort geführt hat.

Dank der üppigen Verkleidung wird man bei mäßigem Regen auf der RT nur im Stand etwas nass, beim Warten an roten Ampeln etwa. Sonst ist Regenkleidung nicht schon beim ersten Tropfen notwendig. Das erweist sich hier als sehr praktisch, denn immer wieder treibt der stetige Wind die eine oder andere Regenwolke über den ansonsten blauen Himmel. Man muss dann nicht sofort die Regenkombi überziehen. Nach einem kurzen, leichten Schauer strahlt die Sonne wieder. Es hätte sich nicht wirklich gelohnt, auf Regenkleidung umzusteigen.

Über ein gemütliches Sträßchen gelange ich nun nach Inverness, das im Nordwesten über den Moray Firth zugleich mit der Nordsee, als auch auf der südwestlichen Seite mit dem Loch Ness verbunden ist. Problemlos durchquere ich die Stadt bei leichtem Nieselregen, der vor allem Kopfsteinpflasterabschnitte recht rutschig macht. Da ist vorsichtiges Fah angesagt.

Schnell bin ich wieder aus der Stadt heraus auf der A82, die direkt am Ufer des Loch Ness entlang führt, auf dem Weg nach Drumnadrochit. Nach den Informationen aus meinen Reiseführern ist dort das „Loch Ness Exhibition Centre" der beste Anlaufpunkt, wenn man etwas über den See und das Ungeheuer „Nessie" erfahren möchte.

Vollkommen unspektakulär liegt das 23 Meilen lange und nur eine Meile breite Loch Ness links neben der gut ausgebauten Straße. Immer wieder sind kleine Parkplätze mit ausführlichen Informationstafeln als besonders lohnenswerte Fotografierpunkte ausgewiesen. An einem davon mache ich Rast und schaue mir den See an.

Weit und breit ist kein Seeungeheuer zu sehen. Ob es besondere Fütterungszeiten gibt? Auf der Tafel hier steht leider nichts davon.

Was ich dort allerdings erfahre, ist, dass es in Schottland gleich drei offizielle Sprachen gibt, nämlich English (z.B. Welcome), Scots (Walcome) und Gälisch (Fáilte). Nach der Übernahme des Landes durch die Engländer war nur die englische Sprache erlaubt, die beiden anderen wurden unter Androhung der Todesstrafe (!) verboten. Dieses Gesetz ließ sich jedoch nicht durchsetzen. Vor allem im Westen auf den vielen vorgelagerten Inseln im Atlantik wurden die ursprünglichen Sprachen weiterhin gepflegt. Selbst heute gibt es dort noch Schulen, in denen die Kinder ausschließlich auf gälisch unterrichtet werden. So wurden die Sprachen der Schotten letzten Endes wieder zugelassen und werden heute auch offiziell verwendet.

Ein paar Minuten später erreiche ich, nun im Sonnenschein, Drumnadrochit. Schon am Ortseingang entdecke ich Hinweisschilder zur Nessie-Ausstellung.

Das Exhibition Centre erweist sich schließlich als riesige Verkaufsausstellung aller möglichen Nessie-Andenken. Weniger die Information über das Monster, als vielmehr der Verkauf von touristischen Artikeln aller Art stehen im Mittelpunkt des Interesses.

Dennoch ist es sehr interessant, sich das alles anzuschauen und den Leuten unauffällig ein bisschen zu zu hören. Von schönstem Schul-Englisch bis zum nicht mehr identifizierbaren Slang ist alles dabei.

In einer Abteilung kann man schottische Kilts, die berühmten Schottenröcke, kaufen. Aber man sollte nicht irgendeinen nehmen, denn das Karomuster, von denen es sehr viele verschiedene gibt, weist die eindeutige Zugehörigkeit des Trägers zu einem bestimmten Clan aus. Weitere Insignien, wie Gürteltasche, Umhang, Messer und Socken, verraten etwas über die gesellschaftliche Stellung des Inhabers in seinem Clan. Für jeden Kiltträger kann es nur eine einzige richtige Ausführung des Gewandes geben.

Wenn man bedenkt, dass für einen Kilt etwa sieben bis acht Meter Stoff benötigt werden, von dem ein Meter 50 bis 60 Euro kostet, wird klar, dass es heutzutage eine kostspielige Angelegenheit ist, traditionell korrekt gekleidet zu sein. Trotzdem legen die Schotten großen Wert darauf, an Festtagen in ordnungsgemäßer Tracht zu erscheinen.

Da es noch früher Vormittag ist, ist die Zahl der Besucher noch recht überschaubar. Draußen steht nur ein einziger Bus auf einem der mindestens zehn großen Parkplätze. Die Leute sehen sich die vielen Stoffnessies an, halten sich lachend schottische Trachten vor den Leib und manche kaufen Andenken, soviel sie tragen können.

Auch ich komme nicht umhin, einige kleine, platzsparende Souvenirs für meine Kinder mitzunehmen, bevor es mich weiter in den Norden zieht.

Über die schmale A833 verlasse ich die Gegend von Loch Ness in Richtung Dingwall. Von jetzt an liegen keine größeren Städte mehr auf meiner Route, einfach deshalb, weil es ab hier in nördlicher Richtung keine mehr gibt. Bei schönstem Sonnenschein durchquere ich sehr hügelige, weitläufige Landschaften. Wunderschöne Ausblicke, atemberaubende Fernsichten wechseln sich ab mit Durchfahrten durch bezaubernde kleine Ansiedlungen, die so urtümlich geblieben sind, dass man fast überall anhalten möchte, um zu fotografieren. Kleinigkeiten, Details und bezeichnende Szenen, aus denen ein geübter Fotograf Bilder komponieren könnte, die wie aus vergangenen Zeiten wirken würden, bieten sich en masse. Es ist jammerschade um jedes verpasste Foto, aber ich habe heute noch ein gutes Stück Weg vor mir und weiß noch nicht, wie schnell sich die Single Track Roads

Norden fahren lassen. Ich will jetzt nicht zu viele Stopps einlegen.

Obwohl auch hier noch einige Sehenswürdigkeiten einen Besuch lohnen würden, fühle ich, dass ich das gar nicht mehr unbedingt haben muss, sondern dass das Fahren durch diese traumhafte Gegend für mich die eigentliche Attraktion ist. Vielleicht besuche ich später auf dem Rückweg noch ein paar Schlösser und Burgen, jetzt will ich fahren.

Dann überquere ich die Kuppe von Struie Hill und fühle mich von der Schönheit dieser Aussicht fast erschlagen. Sofort halte ich doch wieder an, um zu fotografieren. Über den von der Nordsee ins Landesinnere reichenden Ausläufer des Dornoch Firth hat man von hier aus einen endlos weiten Blick hinauf in die Central Highlands. Konstant kräftiger Wind treibt eine dichte, hellgraue Wolkendecke mit sichtbarer Geschwindigkeit über den Himmel darüber. Ich kann nirgends Städte, Wege oder Spuren menschlichen Daseins erkennen. Nur die Straße, auf der ich stehe, führt dorthin und verliert sich scheinbar im Nirgendwo. Hier bin ich richtig, das habe ich gesucht. Mir wird bewusst, dass mir schon lange kein Auto mehr begegnet ist.

Auch die Vegetation hat sich unmerklich immer weiter zu einer kargen Hochheide verwandelt. Während am Loch Ness noch schöne Wälder und Wiesen allgegenwärtig waren, geben die nährstoffarmen Böden hier nur noch widerstandsfähigen Gräsern und Moosen genug Nahrung. Dem beständigen Wind bei durchweg niedrigen Temperaturen trotzen nur anspruchslose, flach bleibende Gewächse. Es sieht schon ein wenig trostlos aus, aber auf seine Art ist es doch irgendwie faszinierend.

Auch die Hauptverkehrswege werden immer kleiner und schmaler, bis sie schließlich kurz nach Lairg endgültig in Single Track Roads übergehen. Sie ähneln unseren geteerten Feldwegen, sind aber tatsächlich die Hauptverbindungen in den Norden.

Mein Navi zeigt oben links in der Ecke an, wie weit es jeweils bis zur nächsten Stelle ist, an der man rechts, links, geradeaus oder sonst wie fahren muss. Es sagt mir gerade, dass ich in 57 km rechts abbiegen soll und ich weiß, dass dann wieder ein einspuriges Sträßchen, fern der Zivilisation, folgt.

Vollkommen zufrieden und relaxed bummele ich unbekümmert durch die Einsamkeit. Rechts und links des Weges erheben sich flache Hügel in den verschiedensten Farben. Die Wolkendecke ist an vielen Stellen aufgerissen und die Sonne scheint dort hindurch. Auf den Hügeln und Tälern ergeben sich so die unterschiedlichsten Beleuchtungen der verschiedenen Gewächse. Weil man wahnsinnig weit sehen kann, erkennt man fast ein Abbild der Wolkendecke auf dem Gelände.

Ich frage mich, ob weit abseits der Straße wohl jemals ein Mensch gewesen ist. Warum sollte er das tun, es gibt dort wahrscheinlich nichts, das von Interesse sein könnte. Nicht einmal Landwirtschaft scheint hier oben lohnenswert oder überhaupt möglich zu sein.

Wenn ich um mich blicke, versuche ich ungefähr abzuschätzen, wie weit mein Blick reicht. An den meisten Stellen sind es mindestens 10km in jede Richtung, in denen kein einziger Mensch außer mir zu sehen ist. Das heißt, dass ich auf Hunderten von Quadratkilometern ganz alleine bin. Selbst mein Handy, das im Kartenfenster des Tankrucksackes steckt, scheint sich von der Gesellschaft losgelöst zu fühlen, denn es zeigt seit einigen Minuten „Kein Netz" an. Wie schön ist es doch, sich einfach so durch die Freiheit treiben zu lassen.

Auf der linken Seite erhebt sich dann schon von Weitem sichtbar der Ben Loyal, ein 764 Meter hoher Berg, der mir die Nähe der nördlichen Küste Schottlands ankündigt. Nun ist es nicht mehr weit, bis zur nächsten menschlichen Ansiedlung in Tongue am Kyle of Tongue, einem Meeresarm des Nordmeeres, der bis hinter den Ben Loyal reicht.

Die Nähe des Meeres macht sich mittlerweile auch schon durch stürmischer werdenden Wind bemerkbar, der immer wieder vereinzelte dunkle Regenwolken in die ansonsten hellgraue Wolkendecke einfügt.

Der vom Navi prophezeite Abzweig muss nun unmittelbar vor mir liegen. Als ich über eine kleine Anhöhe komme, wird mein Feldweg namens A836 erst von Birken und Ginsterbüschen gesäumt, dann öffnet sich der Bewuchs zu einer Lichtung mit freiem Blick auf die Bucht von Tongue.

Dieser Anblick ist unglaublich und wird mir für immer in Erinnerung bleiben. Eine wunderbare Farbkomposition breitet sich vor mir aus. Hinter sattgrünen Gräsern und Büschen, durchsetzt von leuchtend gelben Ginstertupfen erhebt sich über strahlend blauem Wasser ein sonniger Himmel. Weißer Sandstrand und Schaumkronen auf den Wellen des Nordmeeres vervollständigen dieses gelungene Spiel der Farben. Das Blau der See ist einfach unfassbar intensiv. Fotos in Prospekten oder Fremdenführern hatte ich stets mit einer gewissen Skepsis betrachtet und sie im Stillen alle als Produkte modernster Fotosoftware abgetan. Aber es ist tatsächlich wahr, die Farben sind auch ohne raffinierte Aufbereitung so kräftig und eindrucksvoll, wie es auf den Bildern aussieht.

An diesem würdevollen Fleckchen Erde mache ich einen ausgiebigen Halt. Dies ist ein besonderer Moment, denn abgesehen von dem tollen Panorama, das sich mir bietet, bin ich auch ein wenig stolz darauf, hier zu sein. Was ich bisher in den paar Tagen erleben und sehen durfte, ist schon weit mehr, als ich vor der Reise zu hoffen wagte. Immer, wenn ich den Eindruck hatte, die Schönheit einer Szenerie sei nicht mehr zu toppen, dauerte es nicht lange, bis mich Schottland auf´s Neue mit einem weiteren landschaftlichen Highlight überraschte. Auch jetzt denke ich, die schönste Ecke Schottlands erreicht zu haben. Ob da noch mehr kommt? Nein, ich will angesichts dieser Schönheit nicht noch mehr verlangen, das wäre fast schon unverschämt.

Auf dem Weg, der mich nun nach Osten führt, begegnet mir wiederum fast kein anderer Verkehrsteilnehmer. Und wenn doch, habe ich meist keine Gelegenheit, meinem Gegenüber Platz zu machen und ihn passieren zu lassen. Schon weit voraus werde ich vom Gegenverkehr entdeckt. Dann steuern die Autofahrer sofort den nächsten Passing Place an, das sind regelmäßige Ausbuchtungen der Straße, an denen zwei Fahrzeuge aneinander vorbeifahren können, und warten dort auf mich.

Bäume und Sträucher gibt es nun keine mehr, dafür allerdings einen ordentlichen Sturm mit ergiebigem Regen. Die Geschwindigkeit, mit der sich hier das Wetter ändern kann, ist sensationell. Ein schottischer Spruch dazu besagt: „Wenn dir das Wetter nicht gefällt, warte eine Minute!"

Die Küstenstraßen A838/836 führen durch Dörfer, die auf der Karte vielversprechend aussehen, dann aber nur über gerade einmal 100 Einwohner verfügen, die wohl alle Selbstversorger sind. Meine neue Luftmatratze kann ich für heute vergessen. Außer den allgegenwärtigen Pubs liegt offenbar kein einziges anderes Geschäft an meiner Route. Infrastruktur nach unserem Standard gibt es hier nicht.

Trotz allem sieht es so aus, als sei die Versorgung mit öffentlichen Verkehrsmitteln ausgezeichnet. Ist an der Küste ein Aussiedlergehöft zu sehen, dann ist auch an der weiter im Landesinneren verlaufenden Durchgangsstraße (oder Feldweg) eine öffentliche Bushaltestelle eingerichtet. Ich habe auch gesehen, wie ein Schulbus die Gehöfte einzeln anfährt, um dort die Schulkinder abzuholen.

Der Regen vermischt sich nun immer mehr mit heftigen Graupelschauern. Nur der komplette Regenanzug, bestehend aus Jacke und Hose über der normalen Motorradkleidung, hält mich trocken und warm. Es ist nicht sehr schön, so zu fahren, aber auch kein Weltuntergang. Auf dem Moped zu sitzen und zu fahren ist mittlerweile für mich zum Normalzustand geworden. Das Wetter nehme ich jetzt einfach so, wie es ist. Wenn ich bedenke, dass ich in ein zwei Stunden das Zelt wahrscheinlich bei dieser Witterung aufbauen werde, empfinde ich viel mehr Unbehagen.

Hatte ich schon zu Beginn der Reise den Eindruck, nur Unbeugsame würden in Schottland leben können, so trifft dies noch viel mehr auf das Leben hier oben an der Nordküste der Highlands zu. Das erbarmungslose raue Klima und die widrigen Lebensumstände sind ein wahrhaft schweres Los, das wohl nur die Härtesten auf sich nehmen. Vielleicht kann es ja doch nur einen geben, oder nur ein paar.

Entlang schroffer Klippen und schöner Buchten, die selbst bei miesem Wetter noch einladend aussehen, passiere ich bald darauf ein Mahnmal negativer Auswirkungen der modernen Technik auf die Umwelt. Kurz hinter Reay erblickt man den Atomreaktor Dounreay Nuclear Power. Großbritanniens erster schneller Brüter, der unter anderem, das für den Bau von Atombomben notwendige Plutonium produziert, war von 1959 bis 1977 in Betrieb. Daneben entstanden ein weiteres Kernkraftwerk und eine Aufbereitungsanlage. Man fragt sich, warum die angeblich so sicheren Anlagen der Nukleartechnik hier oben, quasi am Arm der Welt und nicht weiter im Landesinneren erstellt wurden. Verstörend wirken auch die

Warnschilder an den Stränden in ihrer Nähe, die davon abraten, Gegenstände, die man am Strand findet, anzufassen und mitzunehmen. Glücklicherweise ist die Anlage nun stillgelegt.

Meine nicht nur klimatisch abwechslungsreiche heutige Fahrt endet schließlich am frühen Nachmittag bei stürmischem Regenwetter auf Dunnet Bay Caravan Club Site. Der Platzwart, ein durchaus freundlicher, aber vielbeschäftigter Hüne nimmt meine Daten auf und erläutert mir auf einer Karte des Platzes, wo ich mein Zelt aufbauen darf. Ich versuche, etwas Zeit zu schinden, weil ich keine Lust dazu habe, wieder aus seinem beheizten Büro raus zu gehen. Er lässt sich aber leider in kein Gespräch verwickeln und ich spüre, dass er mich gleich hinauskomplimentieren wird.

Der Zeltaufbau geht selbst bei stürmischem Regen schnell. Dennoch ist vieles nass geworden, glücklicherweise aber nichts von den Sachen, die trocken bleiben müssen. Solange mindestens der Schlafsack und gemütliche Klamotten trocken bleiben, gibt es keinen Grund zu jammern. Na ja, eine brauchbare Luftmatratze oder ISO-Matte wäre schon prima. Egal, schließlich habe ich Abenteuer bestellt!

Eine halbe Stunde, nachdem das Zelt fertig aufgebaut ist, hört es auf zu regnen. Der Platzwart kommt vorbei und sieht sich das nasse Zelt und die BMW genauestens an. Wieder ist er zu keinem Gespräch aufgelegt.

Es ist immer noch extrem windig. Trotz der Kälte beginnt das Zelt schon abzutrocknen. Der Wind hat scheinbar auch Einfluss auf die Tierwelt. Außer Seevögeln habe ich schon lange keine „normalen" Vögel mehr gesehen. Was sollten sie hier auch tun, wo es weit und breit keinen Baum gibt und nur Windstärken, bei denen sie einfach weg gepustet würden?

Was man hier oben auch eindeutig bemerkt, ist, dass die Tage länger sind, als in südlicheren Gefilden. Erst gestern hatte ich den Eindruck, dass am Abend die Dunkelheit später hereinbrach als sonst. Laut einer Tabelle beträgt im Juni der Unterschied zu mitteldeutschen Tagen 2 Stunden und 23 Minuten, die es hier oben länger hell ist.

So lässt die Nacht noch etwas auf sich warten. Es ist schon spät und wieder nur knapp über 0° C, als ich einschlafe.

Das Handy zeigt noch immer „Kein Netz" im Display an.

Im Hafen Amsterdam / Ijmuiden

Carter Bar

Waschtag in Peebles

Endlose Weiten

Queen´s View

Pack Horse Bridge in Carrbridge

Struie Hill

Dunnet Head

An der Nordmeerküste

Freilaufende Galloway-Rinder

Erster Blick auf den Atlantik

Sonnenuntergang in Scourie

Strand von Sands

Eilean Donan Castle

Guten Morgen

Enge unter Deck

# Dunnet Bay - Scourie

03. Juni 2012

334 km

Sonne, kurze Schauer

morgens 3° C

mittags 18° C

Bei John o´ Groats ist Halbzeit

Wie gewohnt, ist es noch sehr früh am Morgen, als ich weiterfahre. Heute lacht die Sonne, der Himmel erstrahlt in seinem schönsten Blau. Kalter Wind treibt nur ein paar vereinzelte weiße Wölkchen vor sich her. Bei allerfeinstem Motorradwetter fühle ich mich unbeschreiblich wohl auf meiner dicken Bertha.

Nach nur wenigen Kilometern zweigt von der ohnehin schon kleinen Straße, eine noch kleinere ab und führt an einer winzigen Siedlung vorbei zur Klippe von Dunnet Head. Hier liegt, geografisch gesehen, der nördlichste Punkt der britischen Insel. Die senkrechte Felswand, die 130 m hoch aus dem Meer ragt, bietet Abertausenden von Seevögeln ein Zuhause. Oben auf der Klippe befindet sich ein malerischer Leuchtturm mit seinen Nebengebäuden. Dahinter, jenseits der Meeresenge des Pentland Firth, erkennt man deutlich die Insel Hoy, die bereits zu den Orkney Islands gehört.

Ich bin der einzige Mensch auf dem leeren Parkplatz vor dem Leuchtturm und lasse die idyllische Szene in Ruhe auf mich wirken, bevor mich die Neugier aber weiter in Richtung John o´ Groats drängt.

Auf dem Weg zurück zur Küstenstraße A836 frage ich mich, wie die Menschen früher in dieser, im Grunde genommen lebensfeindlichen Umgebung, wohl überlebt haben mochten. Gerade hier oben im Norden, wo immer wieder Wikinger anlandeten und den Schotten das Wenige, das sie hatten, rücksichtslos entrissen, muss das Leben besonders hart gewesen sein. Ackerbau und Viehzucht sind offenbar nicht in nennenswertem Umfang möglich, lediglich die in den Lowlands speziell gezüchteten, widerstandsfähigen Schafe bildeten eine solide Grundlage für ihr Auskommen. Zudem wurden die Schotten nahezu ständig von den Engländern heimgesucht, die sie bewusst daran hinderten, wenigstens zu bescheidenem Wohlstand zu kommen.

In derlei Gedanken versunken, folge ich der Straße weiter in Richtung Osten. Auch heute zeigen mir wieder einige Leute, an denen ich in den Orten und Siedlungen vorbeifahre, „Daumen hoch" und grüßen mich freundlich. Mir gefällt es, dass man in dieser unwirtlichen Gegend fast so etwas wie familiären Zusammenhalt spürt. Schon die ganze Zeit, während der ich der nördlichen Küste folge, fühle ich mich irgendwie heimisch und am richtigen Platz.

Schon von weitem erkennt man die kleine Ortschaft John o´ Groats. Sie wird im allgemeinen als nördlichster Punkt Großbritanniens angesehen. Im 16. Jahrhundert richtete der Holländer Jan de Groot hier eine Fährverbindung zu den Orkney-Inseln ein. Daraus entwickelte sich der kleine Ort, der heutzutage viele Touristen anzieht. Auch jetzt, noch früh am Vormittag, bevölkern Touristen die Souvenir-Shops. Mit Bussen sind sie an der Ostküste über die gut ausgebaute A9 hergekommen und werden diesen letzten Außenposten der Zivilisation auf gleichem Wege wieder verlassen.

Mein Vorhaben in John o´ Groats ist vielleicht etwas ungewöhnlich: In dem Buch „Long Way Down" von Ewan McGregor und Charley Boorman beschreiben die beiden ihre Motorradtour von Schottland nach Kapstadt. Ein Foto darin zeigt sie beim Start genau hier in John o´ Groats vor einem Holzmast, an dem Richtungsschilder etwa nach Lands End, zum Nordpol oder den Shetlands angebracht sind. Sie stehen davor und schauen, mit zur Fernsicht vorgehaltener Hand, in die Richtung, die sie für die richtige nach Kapstadt halten. Allerdings blicken die Beiden in entgegengesetzte Himmelsrichtungen. Das sieht sehr lustig aus und ich habe mir vorgenommen, in die Fußstapfen der prominenten Tourenfahrer zu treten und mich an diesem Mast fotografieren zu lassen, wenn ich in Richtung Heidelberg schaue. Zugegeben, ein bisschen merkwürdig ist das vielleicht schon, aber eben auch lustig, wie ich finde.

Vorbei an „The last house in Scotland", einem ehemaligen Geschenkladen, marschiere ich zum Hafen, um den besagten Mast zu suchen. Schnell finde ich ihn, bin aber ein wenig enttäuscht darüber, dass er vollkommen nackt, ohne ein einziges Richtungsschild, auf seinem kleinen Podest steht. Die Wegweiser, wie ich bald feststelle, befinden sich nun an einer Mauer, die den Weg hinunter zum Hafen säumt. Schade, dass damit das Foto, so wie ich es mir vorgestellt hatte, nicht mehr möglich ist. Aber ich hole dennoch die Kamera heraus und knipse mich selbst wenigstens vor den Richtungspfeilen, die nun an der Mauer hängen.

Ein englisches Ehepaar, das vom Hafen herauf kommt, erkennt mein Vorhaben und bietet mir an, das Foto zu machen. Ich willige ein. Ein netter Smalltalk entwickelt sich und ein paar Minuten später mache ich mich wieder auf den kurzen Fußweg hinauf zum Parkplatz.

Schon als ich am Motorrad stehe und die Handschuhe zur Weiterfahrt anziehe, beschleicht mich ein Gefühl, das ich jetzt noch gar nicht haben möchte. Nämlich das, ab jetzt wieder auf dem Weg nach Hause zu sein. Ich habe die nördlichsten Stationen meiner Tour heute erreicht, und von den geschätzten 4000 Kilometern Gesamtstrecke stehen schon 2000 auf dem Tacho. Mir war selbst heute morgen noch gar nicht so sehr bewusst, dass in John o´ Groats Halbzeit sein würde. Ein bisschen melancholisch gestimmt steige ich auf und verlasse den Wendepunkt meiner Reise. Aber ich bin sehr zuversichtlich, dass noch viele Highlights, vor allem landschaftliche Leckerbissen, auf mich warten.

Mein heutiger Plan war eigentlich, nun wieder die gleiche Strecke entlang des Europäischen Nordmeeres nach Westen zurück zu fahren, um dann an der wild zerklüfteten Atlantikküste in südliche Richtungen zu kreuzen.

Aber die Frau des schweigsamen Hünen von Dunnet Bay gab mir in der Frühe den Tipp, in Wick nach einer Luftmatratze zu schauen. Dort sei ein großer Supermarkt, der weite Teile des schottischen Nordostens versorge. Möglicherweise habe man dort auch Luftmatratzen im Sortiment.

Die unbequeme vergangene Nacht noch sehr gut im Gedächtnis, nehme ich diesen Umweg gerne in Kauf. Statt umzudrehen, würde ich also ein Stück entlang der Nordseeküste fahren, um dann bei

Helmsdale wieder landeinwärts in die Highlands zu schwenken. Auf verlassenen Single Track Roads könnte ich dann quer durchs Hochland wieder bis Tongue kommen und von da an wieder meine ursprüngliche Route aufnehmen.

So führt mein Weg von John o´ Groats auf der A99 nach Wick. Die Geschichte dieses Städtchens geht, wie der Name schon andeutet, auf eine von Wikingern gegründete Siedlung zurück. Durch intensive Hochseefischerei brachte es der Ort dann im 19. Jahrhundert sogar zu relativem Reichtum.

An der Ostküste angekommen, verändert sich Klima und Vegetation schlagartig. Es wird regnerischer, ist aber nicht mehr so stürmisch. Über das schwungvoll gewellte Land erstrecken sich saftig grüne Wiesen. Das Meer ist nicht mehr blau, die ganze Stimmung wirkt irgendwie europäischer und nicht mehr so, als befände man sich in einem fernen Land.

Als ich in einiger Entfernung die Stadt schon ausmachen kann, meldet auch mein Handy wieder Kontakt zur Außenwelt.

Glücklicherweise liegt der TESCO-Supermarkt etwas außerhalb der Stadt und ist ganz einfach zu finden. Er ist tatsächlich riesig und das Angebot überwältigend. Allerdings gilt das leider nicht für die äußerst übersichtliche Camping-Abteilung.

Ich kaufe eine super dünne ISO-Matte für 8 Pfund. Sonst gibt es nur noch ein aufblasbares Gäste-Doppelbett, das so voluminös ist, dass ich einen Kompressor brauchen würde, um es aufzupumpen. Die Matte jedenfalls ist besser als nichts, hoffe ich.

Von nun an folge ich wieder der schon bekannten A9 nach Süden, die auch hier gut ausgebaut ist und direkt an der Nordseeküste entlang führt.

Das Wasser der Nordsee ist schmutzig braun. In der Ferne sieht man hin und wieder Bohrinseln mit ihren weithin sichtbaren Flammen abbrennender Gase. An Land passiert man immer wieder irgendwelche Industriegebiete, die mit der Ölindustrie zu tun haben und der Versorgung oder dem Betrieb der Ölplattformen dienen.

So schön die Landschaft selbst auch ist, ich bin doch froh, als ich bei Helmsdale die A9 wieder verlassen und in die Highlands eintauchen kann. Von nun an sind es mindestens 70 Kilometer auf Single Tracks, der A897 und dann der A871.

Sofort umfängt mich wieder die Einsamkeit der Hochheide, die nur gelegentlich von Schafen unterbrochen wird, oder auch schon mal von einem der seltenen anderen Verkehrsteilnehmer.

Obwohl es sich bei diesen offiziell wichtigen Verbindungsstraßen de facto um geteerte Feldwege handelt, lassen sich darauf meist ganz passable Geschwindigkeiten fahren. Die RT läuft im 5. oder 6. Gang Sprit sparend und ruhig vor sich hin. Zeit für mich, mal wieder zu entspannen und die Seele baumeln zu lassen.

Die Weite des Landes bietet keinen konkreten Anhaltspunkt, mit dessen Hilfe man herausfinden könnte, wo genau man sich gerade befindet. Nur das Navi weiß hoffentlich noch Bescheid. Wenn man mich hier abseits der Straße aussetzen würde, hätte ich nicht die geringste Ahnung, in welche Richtung ich laufen sollte. Kein Baum, kein Strauch, keine markante Geländeform geben der Landschaft etwas Unverwechselbares, an dem man sich orientieren könnte. Lediglich die Himmelsrichtung könnte helfen. Aber in der Lage bin ich ja zum Glück nicht, ich muss doch nur der Straße folgen. Wie haben sich die Leute in früheren Zeiten hier nur zurecht gefunden? Woher sollten sie wissen, wie weit ihr Weg durch die Einöde noch sein würde und wieso hat eigentlich das Navi die Peilung, während mein Handy mal wieder kein Netz empfängt?

Am frühen Nachmittag erreiche ich zwischen Tongue und Bettyhill wieder die Küstenstraße im Norden und kehre damit auf meine ursprüngliche Route nach Westen zurück. Und wieder überrascht mich dieses unerklärlich intensive Gefühl, hier zu Hause zu sein.

Das hinter mir liegende Stück Einsamkeit war den Umweg zweifellos wert. Trotzdem ist es schön, wieder das blaue Meer zu sehen, den beständigen starken Wind zu spüren, der selbst Vögel und zum Glück auch die Mücken weg pustet. Gelegentlich bietet die hügelige Geländeform etwas Windschatten, ansonsten ist er allgegenwärtig und rüttelt während der Fahrt unaufhörlich an der Verkleidung der RT.

Auf dem Weg nach Durness muss ich Loch Eriboll umrunden. Es ist einer der tiefsten Meeresarme, der weit in das Land hineinragt. Als ich dort bei schönstem Wetter ankomme, staune ich nicht schlecht über die Größe des Gewässers. Blau und scheinbar unberührt erstreckt es sich viele Kilometer weit ins Landesinnere hinein. Wenn man genau hinschaut, erkennt man die Straße, die sich rings um den Fjord herum schlängelt. Das ist zwar nur ein verhältnismäßig kleiner Teil meines Weges, den ich heute noch hinter mich bringen möchte, aber er sieht so wahnsinnig weit aus, dass ich voller Respekt hinüber blicke und versuche abzuschätzen, wie lange die Umrundung wohl dauern wird. Von hier aus sehe ich auch deutlich, welches Wetter mich unterwegs erwartet. Wahrscheinlich wird mich der unvermeidliche schottische Regen zwei Mal erwischen.

Unterhalb meines Standortes, von dem aus sich dieser wunderbare Blick über Loch Eriboll bietet, liegt in Ufernähe eine stattliche Insel, auf der nur ein einziges Haus zu sehen ist. „Welch ein phantastischer Wohnort!", denke ich mir. Urtümlicher geht es ja wohl kaum noch, als in einer der abgeschiedensten Gegenden Europas auf einer einsamen Insel zu wohnen. Das könnte mich schon reizen. Hin und wieder zumindest.

In dem Augenblick, als ich den Motor anlasse, um die Runde um Eriboll anzutreten, erscheinen nur 2 bis 3 Meter rechts von mir zwei der bekannten Galloway-Rinder. Diese braunen, etwas plump wirkenden Tiere mit dem langen zotteligen Fell und weit ausladenden Hörnern sind bestens für das Leben in dieser rauen Region gerüstet.

Sie stören sich nicht weiter an mir. Eins bleibt neben der Straße und frisst etwas von dem Gras am Wegesrand, das andere tritt weiter vor und bleibt quer vor mir stehen. Es rührt sich keinen Zentimeter mehr und nimmt auch nicht die geringste Notiz von mir. Vor und hinter dem Rind bleibt je höchstens ein Meter Platz bis zum Straßengraben.

„Jungs, ihr habt mir noch gefehlt!" Weil ich nicht einschätzen kann, wie die Beiden reagieren, wenn ich hupe, rolle ich erst ein Stück zurück und fahre dann wirklich sehr knapp am Hinterteil des Straßenblockierers vorbei. Hätte ich gehupt, wären sie möglicherweise losgerast und hätten vielleicht Probleme mit dem steilen Abhang bekommen. Oder sie hätten mich umgerannt, wer weiß.

Aber jetzt bin ich auf dem截ersträßchen unterwegs, weit und breit ist niemand zu sehen. Gegenverkehr, den es wirklich sehr selten gibt, erkennt man schon lange vorher. Meist sitzt nur eine oder zwei Personen im Auto. Es sind dann offenbar Einheimische, die unterwegs zu irgend einer Besorgung sind. Stets grüßt man sich freundlich bei der Begegnung.

Obwohl die Strecke keine besonderen Anforderungen an das fahrerische Können stellt und obgleich sich die Landschaft stundenlang nicht zu verändern scheint, werde ich des Fahrens nicht müde oder langweile mich gar. Es ist einfach wunderschön, dahinzugleiten und sich die Landschaft, die frische Luft und die Einsamkeit reinzuziehen. Hier bin ich am n Ort, kann mental und tatsächlich tief durch-

Gegen Ende der Umrundung des Eriboll weicht die Straße immer weiter vom Ufer zurück, bis sie schließlich wieder mitten durch die kargen Highlands verläuft.

Durness, der Punkt, ab dem meine Hauptfahrtrichtung Südwesten sein wird, kann jetzt nicht mehr weit sein.

Vollkommen unerwartet bietet sich plötzlich wieder eine ähnliche Perspektive wie gestern beim Erreichen der Bucht von Tongue. Über eine Kuppe kommend, die von gelbem Ginster überwuchert ist, öffnet sich mit einem Mal der Blick auf weißen Sandstrand an blauem Meer, das sich von weißen Schaumkronen verziert, unter azurblauem Himmel präsentiert. Die Landschaft begeistert mich einfach immer wieder aufs Neue, ich kann mich gar nicht satt sehen an all den eindrucksvollen Attraktionen, die der liebe Gott hier erschaffen hat.

In bester Laune drehe ich am Gasgriff, koste die Kraft aus, mit der mich meine Maschine durch die Welt trägt und zweige am Ortseingang von Durness nach links in Richtung Südwesten ab, um noch heute bei Scourie den Atlantik zu sehen.

Wie schön kann das Leben sein? Mein Aufenthalt in Schottland dürfte auf der Liste der schönsten Momente im Leben ziemlich weit oben stehen.

Die Fahrt führt über Single Track Roads durch gebirgiges Gebiet. Immer weiter, immer weiter. Wieder fühle ich mich einfach im Irgendwo und verlasse mich aus Bequemlichkeit auf das Navi. Viel kann man auch nicht falsch machen, es gibt ja nur ganz wenige Straßen hier oben.

Vor und zu Beginn der Reise hatte ich noch die Befürchtung, dass der Maßstab meiner Karte mit 1:400.000 falsch gewählt sei und gar nicht alle Straßen und Ortschaften darauf verzeichnet seien. Mittlerweile konnte ich allerdings feststellen, dass tatsächlich in der Realität nicht mehr existiert, als das, was die Karte zeigt. Ortschaften können beispielsweise aus nur einem oder zwei Häusern bestehen und da es weit und breit keine anderen gibt, sind sie trotz ihrer Winzigkeit auf der Karte eingetragen.

Der Fahrtwind rauscht an meinem Helm entlang, die Sonnenstrahlen wärmen mich schön und der kraftvolle Motor schnurrt unter mir vor sich hin. Dies ist ein Moment völliger Hingabe, des vollkommenen Glücks. Ich fühle mich mit der Maschine verschmolzen, spüre durch sie hindurch sogar die Beschaffenheit der Fahrbahn-Oberfläche, als wären die Reifen meine Fingerspitzen. Jede Bewegung des Motorrades wird zu meiner eigenen. Mit fast unmerklichen Regungen dirigiere ich die Richtung, mit leichten Drehungen aus dem Handgelenk die Geschwindigkeit meines Fluges durch die wunderbare Landschaft. Ich sitze nicht auf oder in dem Fahrzeug, bin kein Passagier, sondern ein dahin schwebendes Wesen, halb Mensch und halb Maschine. Das muss der sogenannte „Flow“ sein, diese Selbstvergessenheit im augenblicklichen Tun, die einen alles andere um sich herum vergessen lässt. Das ist für mich die absolute Faszination des Motorradfahrens. Dieses Feeling könnte ich mit keinem anderen Fahrzeug haben. Glücklich düse ich dahin, alles passt perfekt zusammen.

Dann schließlich erblicke ich vor mir den Atlantik und auch den Campingplatz von Scourie, der geschützt am Ufer einer kleinen Bucht gelegen ist. Wieder ein perfekter Anblick. Kurz gemähte Wiesen an blauem Meer laden dazu ein, hier das Lager für die kommende Nacht aufzuschlagen.

Das Einchecken geht schnell, der Platz ist nicht teuer, ich habe die freie Auswahl, wo ich mein Zelt hinstellen möchte. Gegenüber des Einganges befindet sich ein Restaurant, dort könnte ich eigentlich heute zu Abend essen.

Der Platz ist in Stufen angelegt, so dass jeder von seiner Parzelle aus freien Blick auf den Atlantik hat.

Schnell baue ich das Zelt auf und bewundere, auf der neuen ISO-Matte liegend, den phänomenalen Ausblick.

Schräg gegenüber des Campingplatzes liegt die recht große Insel „Handa Island“. Seit die letzten 60 Einwohner 1846 nach Kanada auswanderten, ist die Insel unbewohnt. Heute ist dort eines der wichtigsten Vogelreservate Großbritanniens eingerichtet. Von Tarbet aus kann man mit einem Boot hinüber fahren und dort die ausgedehnten Wanderwege nutzen, um vielleicht noch seltene Vogelarten zu Gesicht zu bekommen.

Im Speiselokal „The Anchorage“ am Eingang zur Camp Site bestelle ich mir erwartungsvoll eine Jumbo-Bratwurst mit Pommes Frites. Leider entspricht das servierte Essen nicht ganz dem, was ich mir darunter vorgestellt hatte. Es bleibt ein Rätsel, woraus die riesige, in Wasser erhitzte Wurst besteht und warum sie Bratwurst heißt. Der sicher gut gemeinte Extra-Zuschlag an roten Bohnen mit Sauce lässt die frittierten Kartoffelstücke aufweichen. Was soll´s? Wenn das die ortsübliche Verpflegung ist, dann ist das eben so.

Auf dem Rückweg zum Zelt dämmert es bereits und da die Gelände-Terrassen nach Westen zeigen, können sich alle, der nun recht vielen Camper, auf einen atemberaubenden Sonnenuntergang freuen.

Die dicke Bertha sieht im Licht der tief stehenden Sonne umwerfend gut aus, ich mache einige Bilder, wovon ich mir eines aussuchen werde, um es vergrößern zu lassen.

Am Abend hat mein Handy für kurze Zeit Empfang. Ich nutze die Gelegenheit und gebe per SMS Position und Gesundheitszustand an das Basislager zu Hause durch.

Ein perfekter Tag neigt sich dem Ende zu.

# Scourie - Sands / Gairloch

04. Juni 2012

203 km

ganztags Sonne

4° - 18° C

Tief im Westen...

Schottland! Unendliche Weiten! Dies sind die Abenteuer der dicken Bertha und ihrer Besatzung. Sie dringt auf ihrer Reise in Galaxien vor, die nie ein Mensch zuvor gesehen hat...

Angesichts tatsächlich unendlicher Weiten entlang des Single Tracks von Unapool nach Lochinver, denke ich ein paar Minuten ernsthaft darüber nach, der RT irgendwie ein Enterprise-Design angedeihen zu lassen, wenn wir wieder zu Hause sind. Die Idee verwerfe ich aber wieder, als ich die Kosten hierfür grob abschätze.

Die Maschine läuft und läuft. Sie tut unermüdlich und zuverlässig ihren Dienst und sonst nichts. Für mich ist sie das perfekte Reisemotorrad, als sei sie nur für mich konstruiert worden.

Im Sonnenschein teils an der Küste entlang, teils mitten durch die hügelige Landschaft zu fahren, hat von seinem Reiz noch immer nichts verloren.

Selbst die kleinsten Seen schimmern hier dunkelblau, statt braungrün, wie die Tümpel bei uns. Die Landschaft ist einfach grandios.

Zufrieden summe oder singe ich Lieder vor mich hin und fühle mich wie Gott in Frankreich, besser gesagt, wie Günter in Schottland. „I´m a poor lonesome coowboooy..."

Wenn plötzlich mal jemand anderes auftaucht, bin ich mit dem Gedränge fast überfordert und muss mich darauf konzentrieren, nach links auszuweichen.

Von Lochinver nach Drumrunie wird es echt noch einsamer, als ich es bisher kennenlernen durfte. Aber märchenhaft schön. Die Landschaft wartet immer wieder mit neuen Superlativen auf. Meine Aufmerksamkeit ist von unfassbar schönen Ausblicken hin und wieder so gefesselt, dass das ABS mehr als einmal eingreifen muss, um die Fuhre vor einer engen Kehre oder einem plötzlich vortretenden Schaf noch wirkungsvoll zu verzögern. Mehr als zweiter oder dritter Gang ist auf dem schmalen Weg nicht drin. Trotz der geringen Geschwindigkeiten sollte ich der Straße vielleicht doch mehr Aufmerksamkeit schenken und mich nicht ablenken lassen.

Mitten in dieser Idylle, auf einem steilen, abschüssigen Abschnitt, wo die Straße eng zwischen Felswänden eingezwängt verläuft, sehe ich schon aus einiger Entfernung ein Auto schräg zwischen den Felsen stehen. Beim Näherkommen erkenne ich, dass ein Vorderrad fehlt und sich eine Person im Auto befindet. Mein Hirn kramt bereits, so gut es geht, alle Emergency-Procedures hervor. Ich halte ein paar Meter vor dem Wagen an und sehe nach, ob ich helfen kann.

Eine junge Frau, die es in ihrem ziemlich neuen Audi vielleicht zu eilig hatte, war mit dem rechten Vorderrad schlicht und einfach an einem Felsvorsprung hängengeblieben und hatte sich das Rad samt Aufhängung aus dem teuren Auto herausgerissen. Als ich in ihre Nähe komme, winkt sie, als wollte sie mich verscheuchen und versichert mir, keine Hilfe zu benötigen. Sie habe bereits Unterstützung per Telefon angefordert, sie sei okay, alles sei in bester Ordnung.

Bin ich so Furcht einflößend? Klar, ist schon verständlich, dass eine junge Frau in der Wildnis Angst vor einem unbekannten ausländischen Vermummten bekommt. In ihrer Haut möchte ich jetzt nicht stecken. In dieser einsamen Gegend festzuhängen, wo ich selbst öfter als sonst auf die Tankuhr schaue, nur um sicher zu sein, dass ich hier auch durchkomme, das ist zweifellos kein Vergnügen.

Sie scheint zum Glück nicht verletzt zu sein, also quetsche ich die dicke Bertha an der Unfallstelle vorbei und fahre weiter. So beunruhige ich die Dame nicht noch mehr durch meine Anwesenheit. Bin mal gespannt, ob mir irgendein Hilfsfahrzeug begegnet, das auf dem Weg hierher ist. Immerhin gibt es in der Gegend wieder permanenten Handy-Empfang, das ist mir bereits einige Kilometer vor dieser Begegnung aufgefallen.

Bis nach Drumrunie, wo es wieder auf einer ordentlichen Straße weitergeht, bin ich jedoch ganz alleine auf der Strecke, kein Abschleppwagen oder aufgeregter Ehemann kommt mir entgegen.

Schließlich gelange ich nach Ullapool, einem reizenden kleinen Städtchen am Loch Broom. Obwohl hier keine 1000 Leute leben, ist der Ort ausgesprochen wichtig für diese Region. Hier gibt es allerlei Geschäfte, Arbeitsplätze in der Fischerei und Fährverbindungen zu den äußeren Hebriden, den beiden großen Inseln Lewis und Harris. Die Möglichkeit, hier Wale, Tümmler, Robben und natürlich viele seltene Arten von Seevögeln beobachten zu können, lockt relativ viele Touristen an. Der Ort hat sich darauf weitgehend eingestellt. Die Gegend weiter nördlich, aus der ich komme, bleibt von den Besucherströmen allerdings gänzlich verschont. Für mich heißt das, dass ich mich ab hier mehr oder weniger wieder in der Zivilisation bewege und das weite Land nicht mehr für mich alleine habe.

Dennoch ist die örtliche Tankstelle ein Unikum und absolut nicht zur Abfertigung des Massentourismus geeignet. An der einzigen Zapfsäule hängt ein Schild, das darauf hinweist, dass Selbstbedienung nicht gestattet sei. Statt dessen soll man ein Mal hupen und warten. Das tue ich. Nach ein paar Minuten, als ich mir schon sicher bin, dass mein Hupen von niemandem wahrgenommen wurde, kommt die Kassiererin des schräg gegenüber liegenden SPAR-Marktes zu mir und fragt, wie viel Benzin ich haben wolle. Sie tankt wunschgemäß die RT voll, während ich sie wortlos dabei beobachte. Anschließend gehen wir in den Markt, wo sich bereits eine beachtliche Schlange anstehender Menschen an ihrer Kasse angesammelt hat. Sie kassiert erst mich ab und widmet sich dann wieder ihrer eigentlichen Arbeit.

Im Ort fällt auf, dass fast alle Schilder entweder zweisprachig, oder nur in gälisch beschriftet sind. Die Nähe zu den Hebriden, auf denen die gälische Sprache favorisiert wird, hat deutliche Auswirkungen auf den Sprachgebrauch „an Land".

Die Sonne scheint wunderbar und in den Motorradklamotten wird es fast zu heiß. Ich habe in einem

Reiseführer gelesen, dass Ullapool mit 30° C, die hier mal gemessen wurden, den Temperaturrekord Großbritanniens hält. Das glaube ich heute sofort.

In der Parallelstraße finde ich vor einem Lebensmittelgeschäft einen guten Parkplatz. Auf der anderen Straßenseite steht unter ein paar Bäumen eine Parkbank. Perfekt für eine kleine Rast!

Wenige Minuten später sitze ich gemütlich dort drüben und verspeise mein gerade gekauftes „Sandwitch with Ham, Cheese and Pickles".

Da erst erkenne ich, welche glückliche Wendung mein Luftmatratzen-Problem nehmen wird, denn direkt neben dem CostCutter, wo ich mein Essen gekauft habe, befindet sich ein Outdoor- und Survival-Store. Ist das denn zu glauben? Wie viele Tage suche ich denn mittlerweile nach solch einem Laden? Mit dem Kauf der ISO-Matte bei TESCO war mein Problem nämlich keineswegs gelöst. Wie gesagt, sie ist äußerst dünn und der Unterschied zum Liegen auf blankem Boden eher rein psychologischer Natur.

Schon beim Hineingehen in den Shop weiß ich genau, was ich will: Die Therm-A-Rest-Matte, für die ich bisher immer zu geizig war und die es nur in richtigen Outdoor-Geschäften gibt. Der Verkäufer hat sie natürlich vorrätig und versichert mir: „This is pure luxury, you`ll sleep very well on it." Das will ich ihm auch geraten haben, mein Rücken tut mir schon weh, wenn ich nur an Schlafen denke. Er ist sehr freundlich und unterhält sich interessiert mit mir über die Tour.

Der Soziussitz der RT ist nun voll beladen. Wasserdichter Packsack, darauf die Zelttasche, darauf die ISO-Matte und darauf packe ich nun noch die Therm-A-Rest. Beim nächsten Beladen muss ich unbedingt mehr Platz einsparen und die Sachen optimal verteilen.

Beim Aufsteigen kann ich schon lange nicht mehr das Bein über die Sitzbank schwingen, sondern muss mit dem rechten Bein voran in die Lücke zwischen Tankrucksack und Gepäckturm auf der Rückbank klettern. Das sieht garantiert sehr unbeholfen und lustig aus, aber was will ich machen? Während der Fahrt ist es aber gar nicht unangenehm, so eingebaut in der Maschine zu sitzen.

Weiter geht es an Loch Broom und Little Loch Broom vorbei. Habe ich eigentlich schon erwähnt, wie atemberaubend, hinreißend und spektakulär die Landschaft hier oben sein kann? Heute fahre ich erneut die Strecken, die wieder einmal alle meine Erwartungen bei Weitem übertreffen. Es ist so schön hier. Echte Dankbarkeit erfüllt mich.

Nach Loch Ewe folgt ein Stück, das etwas gebirgiger ist, und dann, nach einer Bergabpassage und einem letzten Rechtsschwenk schließlich mit der Ankunft in Gairloch seinen krönenden Abschluss findet. Es hat etwas vom Einzug ins Paradies. Bei perfektem Wetter rolle ich entlang der Hafenpromenade des kleinen Städtchens. Mir kommt spontan in den Sinn, hier meinen Alterswohnsitz einzurichten. Völliger Unsinn zwar, aber ein schöner Gedanke ist es trotzdem.

Es riecht verlockend aus den verschiedenen and Chips Buden. Das Meer leuchtet blau. Zuf aussehende Menschen flanieren durch die Stadt. Selbst ein paar Palmen wachsen am Ufer. Mit dem eigenen Motorrad bis ins Paradies gefahren, nicht schlecht. Dies ist auf jeden Fall ein weiteres Highlight der Reise, wenn nicht sogar **der** Höhepunkt.

Sofort beschließe ich, hier einen Tag länger zu bleiben und fahre zum wunderschön in einer Dünenlandschaft gelegenen Campingplatz, etwas außerhalb des Ortes in Sands.

Der Platz ist ein nahezu unüberschaubar großes Gelände direkt am Meer. Sandige, von harten Grasbüscheln bewachsene Dünen, bilden viele kleine Senken, in denen die Camper ihre Lager aufschlagen dürfen.

Schnell habe ich mir eine windgeschützte Stelle ausgesucht und beginne, mein Zelt aufzubauen, das Motorrad abzuladen und mich einzurichten. Das alles ist schon zur Routine geworden und geht entsprechend zügig voran.

Meine neue Matratze macht auf Anhieb einen phantastischen Eindruck, ich glaube, diese Nacht werde ich endlich wieder gut schlafen können.

Nun zieht es mich zum Strand, der von Weitem schon einen karibischen Eindruck macht. Erst als ich dort bin, realisiere ich, wie riesig er ist. Es ist ewig weit über feinsten weißen Sand bis zum Wasser, rechts und links erblickt das Auge kilometerweit nichts anderes als Sand. Am Wasser sind in großer

Entfernung ein paar wenige Menschen ganz klein zu sehen. Mit dem Handy mache ich schöne Fotos und schicke eines der besten, zusammen mit einer kurzen Lagemeldung, an meine Frau.

Innerhalb kürzester Zeit erreicht mich die zweifelnde Antwort: „Bist du wirklich in Schottland, oder in der Karibik???"

Das Foto lässt in der Tat vermuten, dass es auf Hawaii oder in den Tropen entstanden sei und nicht etwa im kühlen Schottland. Das war ja auch der Grund, warum ich es ausgesucht und ihr gesimst habe. Was man auf dem Bild natürlich nicht erkennen kann, ist die Wassertemperatur. Das Meer ist nämlich arg kalt hier oben. An Schwimmen ist nicht zu denken.

Zurück am Zelt mache ich mir ein kleines Abendessen und liege dann lesend auf meiner Luxusmatte, bis die Dunkelheit hereinbricht.

Aber sobald die Sonne weg ist, wird es sofort empfindlich kalt, ich ziehe mir lieber wieder die Fleecejacke über.

# Sands / Gairloch

05. Juni 2012

0 km

Sonne

0° - 19° C

Frühstück im Zelt

Unwillig öffne ich die Augen und peile die Lage. Noch immer ist es tierisch kalt, 0° C misst das Thermometer am Tankrucksack.

Die neue Matratze ist der Hit, der Verkäufer hat nicht zu viel versprochen. Ich versuche, indem ich mich bequemer hinlege, noch etwas von der Gemütlichkeit zu retten, aber es hilft alles nichts, ich muss mal raus. Das bedeutet, aus dem nicht ganz so warmen Schlafsack raus in die Kälte zu kriechen und mit dem Motorrad zum Toilettenhaus zu fahren. Gestern hatte ich auf geschützte Lage und Nähe zum Meer Wert gelegt und dabei die Entfernung zu den grundlegenden Versorgungseinrichtungen übersehen.

Mann, ist das kalt hier! In der vergangenen Nacht gab es knackigen Frost. Ich bin aufgewacht, weil mir die Kälte beißend im Gesicht lag. Zum ersten Mal zog ich die Kapuze des Schlafsackes ganz zu und habe in den Schlafsack geatmet, um die Wärme des Atems nicht nach draußen zu verlieren. Ein paar Grad unter Null hatte ich nicht erwartet.

Beim ersten Öffnen des Reißverschlusses am Zelteingang bröckelt Eis vom Außenzelt. Ein paar Stückchen landen mir im Kragen und laufen dann geschmolzen meinen Rücken hinunter. Sensationell!

Die RT ist komplett von Raureif überzogen, in der Mulde der Fahrersitzbank hat sich Eis gebildet, in das ich mit dem Fingernagel „2012" ritze. Da setze ich mich nicht in Jogginghose drauf!

Geschätzt eine Stunde später komme ich zu Fuß vom Häuschen zurück. Zum Glück habe ich die Motorradstiefel an, vom Gras sind sie außen klatschnass geworden. In den Turnschuhen wären meine Füße nicht trocken geblieben und nun vermutlich zu Eisklumpen gefroren.

Bis die Sonne richtig aufgegangen ist, bleibe ich noch im Bett liegen, denke ein bisschen über dies und das nach, lese ein wenig, oder döse einfach vor mich hin.

Heute gibt es kein Abenteuer, sondern Urlaub am Strand, oder eine schöne Wanderung. Plötzlich drängt es mich, herauszufinden, wie Abenteuer definiert wird und ob ich mich auf einem solchen befinde. Ehrlich gesagt, war ja bisher alles noch ziemlich harmlos. Keinen einzigen Drachen habe ich erlegt, dafür immerhin ein fremdes Land kennengelernt. Ich will das jetzt wissen und logge mich im Internet ein, um im Online-Lexikon unter „Abenteuer" nachzusehen. Dort finde ich folgende Kriterien: risikoreiche Unternehmung - ok, könnte man durchgehen lassen; Erlebnis, das sich stark vom Alltag unterscheidet - passt schon; Verlassen des gewohnten Umfeldes - passt schon; Ausgang ungewiss - könnte man durchgehen lassen, ist nicht bei allem was man tut, der Ausgang ungewiss? Also, ein bisschen Abenteuer im Sinne der Definition ist diese Tour ja schon, die nächste wird möglicherweise abenteuerlicher. Mir schwebt da schon etwas vor...

Ins Nachbarzelt kommt langsam Leben. Ein weiteres gewichtiges Manko meiner Platzwahl von gestern, sind die dort hausenden Campingfreunde. Es handelt sich um ein junges, gälisch sprechendes Ehepaar mit Kampfhund, das sich durch ausgesucht schlechtes Benehmen auszeichnet.

Er, ein stämmiger Typ mit langen schwarzen Haaren und Figur betonendem Muskelshirt, hat schon gestern Abend fast ununterbrochen gerülpst wie ein Gassenjunge. Das ist auch heute eines der ersten Geräusche, die von nebenan kommen und die ihn eindeutig identifizieren. Beide, er und seine Liebste spucken andauernd geräuschvoll in die Landschaft. In den Pausen dazwischen brüllen sie sich lauthals auf gälisch an. Nicht immer kann man am Tonfall erkennen, ob es sich um Streitigkeiten handelt, oder ob sie sich nur unterhalten. Immer wieder erschallt seine ordinäre Lache.

Ihr reizender Hund, ein weißer Bull Terrier hängt dauernd mit missmutigem Gesichtsausdruck bei mir herum, ohne dass sich jemand darum scheren würde. Schon gestern hatte ich ständig die Befürchtung, dass er gleich mein Zelt als Bestandteil seines Reviers kennzeichnen würde. Hat er zum Glück aber nicht gemacht, dafür ist das doofe Biest andauernd über meine Zeltleinen gestolpert. Ich glaube, ich höre ihn auch jetzt wieder in der Nähe des Zeltes. „Wehe du pinkelst mir an die Bude oder ans Moped!"

Der Strand ist wirklich phänomenal, wer hätte in Schottland damit gerechnet? Um den Geräuschemissionen meiner Nachbarn zu entgehen und weil ich es sowieso vorhatte, bin ich nun auf einem ausgedehnten Spaziergang entlang des Meeres und durch die hügelige Landschaft.

Mal schön die Seele baumeln zu lassen, sich der Ruhe und Stimmung der Küste hinzugeben und ein bisschen anzufangen, Resümee zu ziehen, dazu fehlt im Alltag einfach die Zeit und Gelegenheit. Hier finde ich die nötige Muße dazu.

Für derlei Momente, kleine Auszeiten, sollte man viel öfter sorgen. Gerade als Mann um die 50 neigt man bekanntlich dazu, alles mögliche zu hinterfragen, das eigene Leben kritisch zu beleuchten und sich dann über Versäumtes oder Misslungenes zu ärgern. Ist man mit 50 fertig entwickelt und muss sich damit abfinden, dass man nun mal ist, wie man ist? Lohnt es sich in dem Alter noch, Pläne zu schmieden und sich verändern zu wollen? Lebe einfach im Hier und Jetzt! Warum willst du dir mit selbstkritischen Reflexionen die Sicht auf das lebenswerte Heute verstellen? Ich schiebe die griesgrämigen Gedanken beiseite und konzentriere mich wieder auf die Tour selbst.

Mein Packsystem hat sich den Anforderungen entsprechend schon sehr gut angepasst, das sollte ich mir mal aufschreiben.

Als außerordentlich nützlich haben sich die Steckdosen an der RT erwiesen. Hier kann ich Handy und ebook-Reader aufladen. Bisher brauchte ich noch keinen Strom aus dem britischen Netz.

Ein bisschen habe ich mir ja schon einen japanischen Urlaubsstil angewöhnt: Hinfahren - Knipsen - weiterfahren! Es ist aber tatsächlich so, dass das Fahren auf diesen Straßen durch diese Gegend die Hauptattraktion für mich geworden ist. Wenn man alleine und durch die Campingausrüstung echt voll beladen fährt, hat man auch nicht immer Lust oder den Mut, das Motorrad alleine unbeaufsichtigt irgendwo stehen zu lassen. Obwohl sehr wahrscheinlich nichts weggekommen oder beschädigt worden wäre, meist entschied ich mich doch fürs Weiterfahren.

Hätte ich mehr Zeit eingeplant, wäre die Lage vielleicht anders. Wenn die Campingausrüstung auf dem Campingplatz stehen bleiben kann, weil man nicht jeden Tag weiterfährt, passt der Rest des Gepäcks in die Packtaschen und ins TopCase und kann nicht so leicht von der unbeaufsichtigten Maschine verschwinden, wie außen angebrachte Gepäckstücke. Dann wäre die eine oder andere Besichtigung möglich, ohne dass man dauernd versucht, schnell wieder zum Motorrad zu kommen.

Wenn ich mir die Entwicklung der Landschaften auf der Fahrt ins Gedächtnis rufe, bin ich froh, die Strecke nicht anders herum gefahren zu sein. Durch Zufall war meine Planung absolut richtig! Eine Schottland-Runde muss man links herum fahren! Dann werden die Sehenswürdigkeiten und die Landschaften immer schöner, je weiter man fährt.

Wenn ich mir vorstelle, am Atlantik anzufangen und zum Schluss an der Nordsee raus zu kommen, wäre ich bestimmt enttäuscht und nicht in einem dauernden Staunen, so wie ich es erlebt habe.

Am Strand unterhalte ich mich noch mit einem Schotten meines Alters und höre ungefähr folgende lustige Geschichte:

Am Anfang saß Gott auf seinem Thron und sagte zum Erzengel Gabriel: „Heute will ich Schottland erschaffen. Es wird ein Land mit wundervollen Bergen, fruchtbaren Tälern und wildreichen Wäldern sein. Ich gebe den Schotten klare Flüsse mit prächtigen Lachsen darin. Es wird alles da sein, um hervorragenden Whiskey machen zu können. Unter der Oberfläche werden riesige Kohlevorkommen und vor der Küste Öl- und Gasfelder sein. In den Meeren wird enormer Fischreichtum herrschen..." „Entschuldige HERR", unterbrach ihn Gabriel, „Findest du nicht, dass du ein bisschen zu großzügig mit diesen Schotten bist?" „Nein, nein, Gabriel! Du weißt noch nicht, wer ihre Nachbarn sein werden..."

Diesen Witz finde ich bezeichnend für die immer noch andauernden Bemühungen Schottlands, sich vor dem übermächtigen Einfluss Englands zu schützen, oder davon zu befreien. Das zeigt sich auch in den Anstrengungen, die gälische Sprache lebendig zu erhalten. Vor allem auf den vorgelagerten Inseln (Hebriden) bemüht man sich sehr darum. Dort wird Gälisch noch in den Schulen als Unterrichtssprache verwendet.

Soweit ich weiß, wird tatsächlich an einem Referendum gearbeitet, das den Schotten ermöglichen soll, selbst über ihre Zugehörigkeit zu Großbritannien zu entscheiden. Das wird bestimmt sehr spannend.

Als ich zurück am Zelt bin, stelle ich mit Freuden fest, dass die Nachbarn abgereist sind. Prima, auch n an ihrem Platz noch eine Menge leerer Bierflaschen herumliegen.

Nun mache ich mich daran, mein Zeug wieder in Schuss zu bringen. Wäsche zu waschen, Öl nachzufüllen, was eben alles so gemacht werden muss. Bei dem schönen Wetter macht das auch alles richtig Spaß.

Auf morgen freue ich mich schon sehr, denn da steht die, unter Motorradfahrern als Topp-Tipp bekannte, Applecross-Halbinsel auf dem Programm. Für mich - mittlerweile ein totaler Landschafts-Junkie - sicher wieder ein tolles Erlebnis.

Dieser Ruhetag war goldrichtig.

# Sands / Gairloch - Balmacara / Reraig

06. Juni 2012

516 km

bewölkt, Regen

14° - 24° C

Pass über den Beinn Bhân

Bei mildem Wetter und leicht bewölktem Himmel verlasse ich „Sands Caravan & Camping“ voller Vorfreude auf den heutigen Tag.

Auf mich warten wieder kleinste Single Track Roads mit Strecken entlang der wild zerklüfteten Küste, durch hügelige Wälder und kurvenreiche Etappen in gebirgigem Terrain.

Auf den Abschnitt rund um die Applecross-Halbinsel freue ich mich besonders. Alle Reiseberichte, die ich vor der Fahrt gelesen habe, fanden lobende Worte für diese Strecke.

Vorher allerdings nehme ich mir die ca. 15 km lange Stichstraße zum Red Point vor. Das ist die Stelle, an der der Atlantik ins Loch Torridon übergeht.

Wenn man von Gairloch über Charlestown fährt, um bei Talladale wieder auf eine zweispurige Straße in Richtung der bedeutenderen Orte zu kommen, passiert man den unscheinbaren Abzweig auf der rechten Seite, der zur Redpoint Farm führt.

Zum Glück fahre ich nach Navi. Wäre ich nur auf Sicht gefahren, hätte ich den mickrigen Weg garantiert verpasst.

Das Überfahren eines sogenannten Cattle Grid zeigt mir an, dass hier wieder mit freilaufenden Tieren, vornehmlich Schafen, zu rechnen ist. Die groben eisernen Gitter verhindern, dass Huftiere das Land ihres Besitzers verlassen können. Sie würden mit den Beinen in die Zwischenräume des Metallrasters rutschen. Deshalb laufen sie nicht freiwillig über diese Gatter und bleiben lieber auf ihrem Gelände. Fahrzeuge können drüberfahren. Mittlerweile bin ich schon über etliche solcher Straßensperren hinweg gedüst und habe festgestellt, dass man dabei schnell genug sein muss. Fährt man mit dem Motorrad langsam drüber, hat man das Gefühl, als würde das Gitter ganze Stücke aus dem Reifen reißen. Ab 70 bis 80 km/h fühlt es sich wieder ganz okay an.

Cattle Grid

Schon bald sehe ich einige Schafe, und am Wegesrand weist ein handgemaltes Schild darauf hin, dass sich auch Lämmer in der Nähe befinden. Sind Jungtiere bei der Herde, ist ganz besondere Vorsicht angesagt, denn die Kleinen haben die Angewohnheit, im allerletzten Moment doch noch über die Straße zu flitzen, wenn sie bemerken, dass Mutti oder Tante auf der anderen Seite stehen. Die Großen sind da schon cooler, aber ganz sicher kann man auch bei denen nie sein, ob sie nicht im letzten Augenblick doch noch Panik bekommen und in die falsche Richtung laufen.

Ein weiterer Grundsatz des Motorradfahrens findet hier seine Bestätigung, nämlich „der Blick führt die Bewegung“. Schaut man sich die Schafscheiße an, die man umfahren will, fährt man mit Sicherheit mitten hindurch. Die Theorie sagt, das Auge soll den Weg zwischen den Hindernissen hindurch suchen und die Bewegung wird dem Blick folgen. Es ist tatsächlich so, der Häufchentest beweist es!

Übrigens, da wir gerade über Schafe sprechen, die sind nämlich in Schottland in der absoluten Überzahl. Es gibt hier etwa 7 Mio. Schafe und nur knapp über 5 Mio. Menschen. Schafzucht ist ein wirklich sehr wichtiger Wirtschaftszweig und sichert vielen Leuten den Lebensunterhalt.

Bei der Planung der Route ist mir aufgefallen, dass es auf meiner Karte den Ort Shieldaig offenbar zwei Mal gibt. Einmal hier, an der kleinen Straße nach Redpoint und einmal am Loch Torridon. Nach ein paar Kilometern klärt sich das Rätsel aber auf, hier handelt es sich nur um das „Hotel Shieldaig“. Ein einziges Haus, das auf der Karte im sonst so groben Maßstab 1:400.000 als ganzer Ort eingezeichnet ist.

Die Strecke führt immer wieder durch kleine Wälder, die nur kurze Blicke auf die Küste erlauben. Wie durch schöne einsame Alleen, führt die kleine Straße durch Birkenpflanzungen, violett blühende Rhododendronbüsche und Laubbäume hindurch, die die Straße dicht säumen und ihr Schatten geben.

Der Küstenort Port Henderson, der doch nur aus einer Handvoll Häusern besteht, zieht meine Aufmerksamkeit auf sich. Ich halte an und schaue von einer Anhöhe zu ihm hinunter. Ich wünschte, ich wäre Fotograf. Alles an dieser Szene ist idyllisch, romantisch und fordert einen auf, einen Moment zu verharren, um die Situation auf sich wirken zu lassen. In einer kleinen Bucht des Atlantiks liegt, vor Stürmen weitgehend geschützt, der Hafen und die wenigen Häuser im Halbkreis von Wald umgeben. Am Ufer liegen einige verwitternde Holzboote zum Teil an Land, zum Teil im oder unter Wasser. An der einzigen Anlegestelle ist ein Fischerboot vertäut, auf dem der heutige Fang in bunten Kisten an Bord gestapelt wurde.

Aus den Schornsteinen der Häuser steigt Rauch auf. Der Geruch, der vom Dorf heraufkommt, verrät, dass es sich wohl um Räuchereien handelt.

Ohne ein Foto zu machen, setze ich meinen Weg fort. Ein Bild hätte niemals die Stimmung und Atmosphäre dieses Augenblicks wiedergeben können.

Durch völlige Verlassenheit kurve ich weiter, bis vor mir schließlich die Straße mit dem Hinweisschild „Red Point Farm“ endet. Ab hier geht es nur noch ein kurzes Stück zu Fuß weiter. In der Ferne erkennt man eine Insel aus dem Meer aufragen, ich glaube, es ist die Isle of Skye, die ich morgen besuchen werde.

uf dem Hügel, unweit des Weges, steht eine kommen verwitterte Holzbank und ein Steinturm mit einer, vom Sonnenlicht ausgebleichten Umgebungskarte auf dem obersten Stein. Ein Hinweis darauf, dass man versucht hat, diesen Ort im Bezirk Wester Ross touristisch zu erschließen?

Wirklich funktioniert hat es wohl eher nicht und so bleibt Red Point für mich **der** Geheimtipp schlechthin, wenn man Stille mag.

Auf der Fahrt zurück zur A832 halte ich erneut oberhalb von Port Henderson an, entscheide mich aber wieder dagegen, ein Foto zu machen.

Die Verbindung zwischen Loch Maree, an dem ich nun eine ganze Zeit vorbeifahre, zur Applecross-Halbinsel, führt durch das enge baumlose Tal Glen Torridon.

Bewusst genieße ich die für die Highlands typische karge Landschaft und die ebenso bezeichnende schmale gewundene Straße durch sie hindurch, weil mir klar ist, dass ich nur noch heute gewissermaßen in der Wildnis unterwegs sein werde. Ab morgen bewege ich mich nur noch auf größeren Straßen. Dann werde ich auch die Highlands verlassen haben und wieder mehr Menschen zu Gesicht bekommen. Ob ich mich darüber freuen soll, oder ob ich lieber noch eine Weile als Eremit gelebt hätte, ich bin mir nicht sicher.

Ab dem Ort Shieldaig befinde ich mich auf der mit Spannung erwarteten Halbinsel Applecross. Die 100 Einwohner Shieldaigs verfügen sogar über eine eigene Schule, einen Pub und eine Kirche. Der Ort, dessen Name auf die wikingerische Bezeichnung für Hering zurückgeht, wurde im frühen 19. Jahrhundert genutzt, um Seeleute im Kampf gegen Napoleon auszubilden. Aber nur kurz, der kleine Franzose ist ja dann nach Elba umgezogen.

Ein Richtungsschild nach Applecross, zusammen mit dem Hinweis, dass die Strecke nicht für Busse, Wohnmobile und Wohnwagengespanne befahrbar sei, eröffnet die bemerkenswerte Runde um die im Inneren unbewohnte Halbinsel, deren Höhepunkt in der Überquerung des über 800 Meter hohen Beinn Bhân besteht. Entlang der Küste führt ein wunderbar kurvenreicher Teerweg weiter und weiter an den oft steilen Felsen vorbei.

Der weltbekannte Geheimtipp hat natürlich jede Menge Naturfanatiker angezogen und so teile ich mir die Straße mit vielen Autos, Wohnmobilen, die es doch versuchen und Unmengen von Radfahrern. Respekt, Jungs! Bei diesen Temperaturen in beständig starkem Wind aus allen Richtungen, immer wiederkehrenden Regengüssen durch gebirgiges Gelände ohne Radspur zu treten, ist nicht ohne. Das sind die wahren Biker!

Nach dem Örtchen Applecross geht es dann wirklich bergauf zum Pass über den Beinn Bhân. Eine mehr oder weniger lockere Karawane aus Autos, Motorrädern und Radfahrern schlängelt sich bergauf.

Ein Autofahrer vor mir fährt links ran, um mich vorbei zu lassen. Ich fand die Geschwindigkeit ganz okay, aber egal, dann fahre ich halt vor ihm.

Eine kleine gemauerte Brücke und die Landschaft dahinter sind meiner Meinung nach ein Foto wert und darum halte ich an, um ein Bild zu machen.

Der Engländer überholt mich wieder zurück und ist anschließend vor mir auf der Strecke.

Mit Absicht halte ich ein wenig mehr Abstand, weil ich nicht vor ihm fahren möchte. Hinter mir ist nicht viel los und ich kann anhalten, wann ich will, ohne jemanden zu behindern.

Zwei Kurven später steht er aber wieder am Straßenrand und winkt mich freundlich vorbei. „Danke, das wäre doch nicht nötig gewesen."

Ein paar Radfahrer später nähere ich mich dem Gipfelpass über den Berg.

Es kommt, wie es kommen musste, Schottland präsentiert sich erneut von seiner schönsten Seite. Von höchsten Punkt des Berges reicht der Blick über den Inner Sound bis weit in die Isle of Skye hinein. Wuchtige Steilküsten erheben sich aus dem Meer. Ein bildschöner Anblick.

Im rechten Augenwinkel erkenne ich noch etwas anderes, Steinmännchen nämlich. Davon hatte ich zwar schon gehört, es aber irgendwie wieder völlig vergessen. Aber jetzt sehe ich auf dem Gipfel jede Menge kleiner Steinhäufchen, die die Besucher hier aufgeschichtet haben, weil es angeblich Glück bringt, auf dem Beinn Bhân ein Steinmännchen gebaut zu haben. Das hatte ich mir doch auch vorgenommen, es aber wieder ganz aus dem Sinn verloren.

Instinktiv suche ich die nächste Möglichkeit, anzuhalten. Rechts vor mir ist ein kleiner geschotterter Platz.

Als ich vielleicht etwas zu schnell dort einbiege, habe ich das Gefühl, mich furchtbar beeilen zu müssen, damit mich der Engländer nicht wieder überholt, obwohl das doch eigentlich ganz egal ist!

Jedenfalls drehe ich, noch während die Maschine zum Stillstand kommt, den Schlüssel um und klappe den Seitenständer aus. Dann lege ich die RT nach links und hole schon Schwung, um abzusteigen.

Voller Entsetzen spüre ich, wie mein linker Fuß auf dem Schotter keinen Halt findet und sich das Motorrad immer weiter nach links legt, weil auch der Seitenständer zu tief in den Schotter einsinkt. Die Kiste ist nicht mehr zu retten und kippt über den ausgeklappten Ständer nach links um. Sie nimmt mich mit und ich fliege voll auf mein Knie und die linke Hand. Das darf doch nicht wahr sein, unnötiger kann man doch gar nicht mehr auf die Schnauze fliegen! Die RT rutscht noch ein paar Zentimeter über Spiegel und Kofferdeckel, bis das Spiegelgehäuse weg fliegt und der Schwung endlich raus ist.

Sofort versuche ich, sie wieder aufzurichten, aber die mit Gepäck über 300 kg schwere Bertha liegt stabil und rührt sich kein Stück. Durch den immer noch ausgeklappten Ständer streckt sie die Räder etwas in die Höhe. Ich könnte mir in den Hintern beißen!

Schon bei der Landung spürte ich, dass mein Knie den Sturz nicht so toll fand. Auch die Hand tut mir weh, mal nachsehen. Ich ziehe den Handschuh aus und sehe, dass der Handballen blutet. Super, Pflaster sind irgendwo in dem Trümmerhaufen.

Während ich nachdenke, wie es weitergeht und wohin überhaupt dieser Engländer verschwunden ist, hält ein leuchtend gelb gekleideter Radfahrer an, checkt kurz die Lage und reicht mir ein Pflaster.

„Thank you very much, very kind of you."

Donnerwetter, der hat Ordnung in seinen Gepäck, ich hätte erst nach dem Verbandspäckchen suchen müssen.

Zusammen schaffen wir es, die Maschine aufzurichten und ein paar Steine unter den Ständer zu legen, damit sie sicher steht.

Mein unerwarteter Helfer heißt Robert und kommt aus London. Er umrundet seit drei Monaten mit dem Fahrrad Großbritannien. Und er hat, wie er sagt, auf seiner Fahrt gelernt, dass man schnell ans Pflaster kommen muss.

Nach dieser Begegnung erinnere ich mich daran, was in Büchern über Motorradreisen, und ich behaupte, sie alle gelesen zu haben, durchweg geschrieben steht. Ausnahmslos alle großen Tourenfahrer haben sich auf ihrer Tour mindestens einmal hingelegt und stets ist wie aus dem Nichts ein Helfer in der Not aufgekreuzt. War es jetzt nicht genauso? Na, dann habe ich diesen Punkt ja auch schon abgearbeitet und kann einen Haken dran machen.

Trotzdem ärgert es mich kolossal, vor allem weil es so überflüssig und nur meinem Leichtsinn geschuldet war.

Das Spiegelgehäuse kann ich wieder an die Halterung in der Verkleidung aufstecken, die restlichen Teile des Spiegelglases lassen noch eine ganz passable Sicht nach hinten zu. Wenigstens muss ich mir also keine Werkstatt suchen.

Jetzt baue ich aber auch ein Steinmännchen, das ist das Mindeste, was ich für einen erfolgreichen weiteren Reiseverlauf tun kann.

Ein paar Schritte sind es noch, bis ganz auf den Gipfel, wo wahre Prachtbauten errichtet sind. Die Erbauer haben zum Teil wirklich ihrer Phantasie freien Lauf gelassen und alle Steine der Umgebung in ihrem persönlichen Glücksbringer verbaut. Der ganze Gipfel ist voll von diesen Steinmännchen.

Eilig klaube ich drei flache Steine zusammen und schichte sie übereinander. Sieht jetzt nicht so aus wie das Männchen des Jahres, erfüllt aber hoffentlich seinen Zweck und geht vor allen Dingen schnell. Ich traue nämlich den Steinen unter dem Ständer der RT nicht so recht und will so schnell wie möglich wieder fahren, bevor sie nochmal umkippt.

Heute mache ich keine unnötigen Stopps mehr, ganz sicher.

Es geht nun in Serpentinen vom Berg hinunter auf Meereshöhe. Vor mir fährt Robert mit beachtlicher Geschwindigkeit und ich lasse die RT ohne Gas rollen. Als ich zum Überholen ansetze, grüße ich freundlich mit einem kurzem Hupen.

Hätte ich das mal bleiben lassen! Er hat mich nicht herankommen hören und natürlich nicht gesehen, er hat ja keinen Rückspiegel. Die Hupe der RT ist der Hammer, die bläst so einen Radfahrer locker von der Piste. Robert behält jedoch die Nerven und kann sich gerade so auf der Straße halten, kommt aber ganz schön ins Schlingern.

„Tut mir Leid, mein Freund."

Ich sollte ab sofort einfach nur noch auf Ankommen fahren.

Die Strecke über Applecross ist wirklich nicht schlecht, aber, für schottische Verhältnisse, total überlaufen. Ich würde sie nicht unbedingt nochmal fahren wollen. Jede Menge Autos, Radler und trotz aller Warnungen auch Wohnmobile, die an einigen engen Kehren rangieren müssen und den Verkehr behindern.

Kurz vor Ardarroch, also sozusagen wieder auf dem Festland, wirbt eine Seafood Bar am Straßenrand für Kaffee und Snacks. Ein Eimer Kaffee wäre jetzt genau das Richtige für mich und mein angeschlagenes Ego. Vorsichtig stelle ich die RT auf dem geschotterten Parkplatz ab.

Wenig später sitze ich in der Bar am Fenster, vor mir eine Tasse, oder besser gesagt Schale, die etwa einen halben Liter kochend heißen Kaffee enthält. Perfekt, hier wird man wenigstens ernst genommen, wenn man einen großen Kaffee bestellt.

Die Auslage mit den fangfrischen Meeresfrüchten ist sehr verlockend, aber zum Essen ist es mir noch zu früh. Vielleicht hat mir mein Missgeschick auf dem Gipfel auch den Appetit verdorben.

Bis zum geplanten Campingplatz in Reraig/ Balmacara sind es nur noch ein paar Kilometer und daher denke ich darüber nach, die Etappe für morgen heute schon zu fahren.

Das wäre eine Runde über die Isle of Skye und wieder zurück nach Reraig, dort wollte ich ursprünglich eine zweite Nacht verbringen. Ich entscheide mich für die Doppeletappe.

Obwohl sich das Wetter zwischenzeitlich etwas verschlechtert hat, nehme ich heute noch die Isle of Skye ins Visier. Die größte Insel der Inneren Hebriden liegt so dicht an der Küste, dass sie bei Kyleakin über eine Brücke, die den Kyle of Lochalsh überspannt, leicht erreichbar ist.

Die gälisch sprechende Bevölkerung, etwa die Hälfte der 8000 Inselbewohner, nennt ihre Insel zutreffenderweise Eilean a´Cheo, die Insel des Nebels.

Als ich die Brücke erreiche, liegt leichter Nieselregen in der Luft. An und für sich kein Problem, aber die Waschbetonfahrbahn der recht steilen Auf- und Abfahrt der Brücke ist von der Nässe rutschig wie Schmierseife geworden.

Langsam und vorsichtig dirigiere ich das Motorrad rüber auf die Insel.

Von nun an möchte ich weder anhalten, noch fotografieren, oder mir irgendwas ansehen, sondern einfach nur gemütlich fahren, und zwar erst mal bis zum westlichsten Punkt , nämlich Neist Point.

Auf der A87, einer stark frequentierten Schnellstraße, geht es vorbei an unzähligen Bed & Breakfast Werbeschildern bis Sligachan, von dort auf der A863 und der anschließenden A864 bis zu dem Punkt, an dem es nicht mehr weitergeht. Der Leuchtturm an den stark zerklüfteten Klippen kann zwar besichtigt werden, mich schrecken aber die mindestens 20 Autos ab, die links und rechts der Zufahrt parken. So viele Leute bin ich nicht mehr gewöhnt. Ich schieße ein Beweisfoto, dass ich wirklich hier war und drehe wieder um. Auch hier ist die Strecke eigentlich sehr schön, aber bei so viel Verkehr und freilaufenden Schafen erfordert sie die volle Konzentration. Der Blick muss auf die Straße gerichtet bleiben, trotz atemberaubender Aussichten.

Der Himmel klart etwas auf, als ich wenig später bei Dunvegan Castle auf die A850 einbiege. Das Schloss ist seit über 700 Jahren bis heute der Wohnort des Clan-Chiefs der MacLeods.

Der Straße folgend, bis ich wieder auf der A87, nun in Richtung Norden, unterwegs bin, rufe ich mir eine erzählenswerte Begebenheit ins Gedächtnis, die ich mal über die Isle of Skye gelesen habe. Mitte des 18. Jahrhunderts, damals war auch der Clan der MacDonalds sehr mächtig auf der Insel, entkam der schottische Prinz Charles mit knapper Not dem Gemetzel von Culloden Battlefield, wo die Schotten von den Engländern vernichtend geschlagen wurden. Von den Engländern verfolgt, schaffte er es bis an die Westküste Schottlands. Dort versteckte er sich auf einer der kleineren Inseln. Flora MacDonald wurde dazu auserkoren, den Prinzen auf die Isle of Skye zu holen, von wo aus man ihn weiter in Sicherheit bringen wollte. Und zwar sollte er, als Zofe Betty Burke verkleidet, Flora begleiten. Man hatte entsprechende Papiere vorbereitet. Glatt rasiert und in Zofenkleidern folgte der Prinz seiner Retterin. Die Flucht gelang Charles unter Schwierigkeiten, jedoch wurde Flora eine Zeit lang in Edinburgh und London inhaftiert. Die Umstände der Flucht amüsiert die handfesten Schotten bis heute und haben dem Prinzen den despektierlichen Kosenamen Bonnie Prince Charlie eingebracht, was so viel wie „der Süße Charlie" bedeutet. Flora liegt in Kilmuir, ganz im Norden der Insel begraben, man kann das Grab heute noch leicht finden.

Auf dem Weg dort hin liegt die Hafenstadt Uig, wo die Fähren zu den äußeren Inseln vor Schottland, an- und ablegen. Der Ort verfügt sogar über einen Campingplatz, der aber im Hafenbereich liegt und keinen besonders einladenden Eindruck macht, wie auch das ganze Städtchen nicht. Wahrscheinlich hat auch Uig seine Vorzüge, wenn man sich die Zeit nimmt, es besser kennenzulernen. Mache ich aber nicht und fahre weiter.

Nach Uig kommt eine richtig schöne Gebirgspassage, die selbst ein paar Haarnadelkehren bereithält.

Dann führt der Weg in einiger Höhe über dem Meeresspiegel durch sattgrüne Landschaften.

Weiter im Norden beginnt die Straße wieder abzufallen, wodurch sich herrliche Ausblicke über Land und Meer ergeben. Ich halte kurz an, um mir das Panorama genauer zu betrachten.

Ein Auto aus München bleibt vor mir stehen und ein Paar mittleren Alters steigt aus. Die beiden kommen direkt auf mich zu und beginnen ein Gespräch. Sie freuen sich, einen Deutschen zu treffen, mit dem sie plaudern können. Wie sich herausstellt, sind sie vor 15 Jahren zum ersten Mal in Schottland gewesen. Ihre Hochzeitsreise führte sie hierher. Seit dem kommen sie mindestens jedes zweite Jahr für einige Wochen wieder. Meist wohnen sie auf der Isle of Skye in einer der zahlreichen Bed & Breakfast Pensionen.

Das ist interessant, ich glaube, dass ich auch nicht zum letzten Mal hier gewesen bin, vielleicht lässt sich meine Familie auch mal darauf ein. Ein bisschen zu quasseln hat meiner Stimmung gut getan. Eindeutig weniger griesgrämig, aber immer noch ohne große Lust abzusteigen, setze ich meine Runde fort.

Für heute sitze ich schon seit vielen Stunden pausenlos im Sattel. Je länger ich fahre, um so ungemütlicher wird nun das Sitzen. Wie lange hocke ich eigentlich schon hier drauf? Acht Stunden vielleicht, oder mehr? Hinzu kommt, dass dies nicht gerade der erfolgreichste Tag der bisherigen Reise war. Mein Umfaller wurmt mich noch immer. Als hätte ich aus Versehen meine Jungfräulichkeit verloren, ich bin bisher noch nie hingeflogen

Isle od Skye nahe Neist Point

So düse ich die ganze schöne Nord- und Ostküste der Insel entlang, ohne die sicher lohnenswerten Sehenswürdigkeiten eines aufmerksamen Blickes zu würdigen. Von ganz Skye habe ich nur ein einziges Foto gemacht. Ich sehne mich danach, ins Zelt zu kriechen, mich auf die Therm-A-Rest zu hauen und auszuruhen.

Bei der Überquerung der Brücke bin ich auch dieses Mal vorsichtig, aber dann drehe ich den Gashahn auf, um die letzten fünf Kilometer schnell hinter mich zu bringen.

Der Campingplatz in Reraig ist ganz leicht zu finden und wie es auf einem Schild verlangt wird, melde ich mich im Wintergarten des angrenzenden Hauses an.

Nachdem ich geklingelt habe, kommt eine außerordentlich feine alte Dame herangeschwebt. Mrs.

Walton (Name geändert) mustert mich und fragt nach meinem Begehr. Ich sage, ich möchte eine Nacht hier bleiben und sie gestattet es mir. Es folgt eine Belehrung über die örtlichen Verhaltensregeln und sie kassiert den Preis im voraus. Dann möchte sie wissen, was mit meinem Knie los ist. „Ich bin hingefallen, ist nicht so wild.“, erkläre ich. Sie rät mir, das Bein hochzulegen und das Knie zu kühlen. Falls notwendig, soll ich ihr Bescheid sagen, sie würde dann einen Arzt rufen. „Kein Problem, vielen Dank, wird nicht nötig sein.“ Mrs. Walton ist die gute Seele des Platzes. Noch nie war ich auf einem Campingplatz, der so voller Hinweisschilder hing. Hier kann nichts schief gehen. Selbst in den Duschzellen wird man davor gewarnt, das Wasser zu heiß aufzudrehen, oder nach dem Duschen die Armbanduhr zu vergessen.

Neben dem Platz, den mir Mutter Theresa zugeteilt hat, baut gerade ein deutsches Radfahrer-Ehepaar sein Zelt auf. Wir kommen ins Gespräch und zum ersten Mal bemerke ich, dass es die berühmten Midges, winzige Mücken mit wahnsinniger Stechwut, die stets in gewaltigen Schwärmen auftreten, tatsächlich gibt. In allen Reiseberichten ist von der Midges-Plage zu lesen. Da mir bis jetzt aber keiner dieser Plagegeister in die Quere kam, hatte ich auch keinen Gedanken mehr an deren Existenz verschwendet. Kann sein, dass dort, wo ich mich bisher herumgetrieben habe, einfach der Wind zu stark für die kleinen Insekten war. Die bemitleidenswerte Frau jedenfalls ist total zerstochen worden, ihr Gesicht gleicht einem Streuselkuchen. Sie jammert arg darüber, aber noch viel mehr Probleme hat sie damit, dass ihr Mann, der natürlich in der gleichen Gegend unterwegs war, keinen einzigen Stich abgekriegt hat. Was soll man dazu sagen?

Als das Zelt steht, kann ich endlich in den ersehnten Feierabend-Modus schalten. Der heutige Tag war zwar nicht der Beste, aber doch immerhin sehr bemerkenswert. Wenn das mal kein Abenteuertag gewesen ist.

Hier in Reraig gibt es tatsächlich massenweise Midges, wie ich später am Abend noch feststelle. Aber wenn man das Fliegennetz am Zelt geschlossen hält und sich nicht unnötig draußen aufhält, ist es noch ganz erträglich.

Es fällt mir nicht leicht, abzuschalten und in den Schlaf zu finden. Doch die Müdigkeit siegt schließlich, wie immer.

# Balmacara/Reraig - Ardgartan/Arrochar

07. Juni 2012

314 km

bewölkt, Regen

14° - 19° C

Eilean Donan Castle / Schnee auf den Gipfeln

Im kühlen Morgengrauen setze ich die Fahrt auf der noch nassen A87 entlang des Loch Alsh fort. Die Straße fährt sich wie eine gut ausgebaute deutsche Bundesstraße. Anders als in den nördlichen Highlands, führt der Weg hier durch dichte Wälder. Auf den Bergen, die dahinter emporragen, liegen sogar noch kleine Schneehäubchen. Der Schatten der Bäume hält die Feuchtigkeit noch am Boden fest und so sind an diesem Morgen alle Straßen recht nass und zwingen zur Vorsicht.

Nach nur wenigen Kilometern aber öffnet sich der Wald bei Dornie und gibt einen imposanten Blick auf Schottlands Vorzeigeburg „Eilean Donan Castle" frei. Die Festung thront um so eindrucksvoller auf ihrer kleinen Insel, als sich die Wolken für ein paar Minuten verzogen haben und sie von herrlichem Sonnenschein optimal beleuchtet wird.

Seit 1230 trotzt sie der zerstörerischen Witterung und mag in dieser langen Zeit wohl so einiges erlebt haben. Sie gehört der Familie MacRea, die sie nach schrecklichem englischem Beschuss wieder bewohnbar machte.

Über eine steinerne Brücke ist die Burg von Land aus zugänglich und von März bis Oktober täglich zur Besichtigung geöffnet.

Natürlich halte ich an, um das obligatorische Foto zu machen. In der Sonne sieht das Castle wirklich klasse aus und das Wasser des Sees schimmert ganz blau. In der unbewegten Oberfläche spiegelt sich das alte Gemäuer wider.

Spätestens seit hier Teile des Films „Highlander" gedreht wurden, ist dieser Ort zum Publikumsmagneten geworden.

Es sind selbst zu dieser frühen Tageszeit schon ziemlich viele Touristen hier. Ich mache mich lieber wieder auf die Socken.

Weiter geht es in Richtung Fort Augustus auf der schönen A87. Die Strecke zieht sich dennoch etwas, obwohl sie landschaftlich durchaus ihre Reize hat. Ich fahre nicht schneller als die erlaubten 96 km/h. In den durchweg lang gezogenen Kurven muss man nicht mal Gas wegnehmen, und so ist die Fahrt gen Osten schon ein bisschen eintönig.

Hin und wieder unterbrechen entgegenkommende Motorräder die Monotonie. Biker grüßen sich hier, wie bei uns, durch Heben der linken Hand, oder aber durch deutliches Nicken. Fahren sie zu zweit, so ist offenbar der Sozius für das Grüßen zuständig. Der Sozius oder die Sozia hebt dann die rechte Hand.

Bei Invermoriston gelange ich schließlich an das südwestliche Ende des Loch Ness. Nun bin ich also wieder am Kaledonischen Graben angekommen, zu dem Nessies Heimatsee gehört. Der Kanal ist eine für Sportboote und kleine Schiffe befahrbare Wasserstraße, die von Inverness an der Nordsee im Nordosten bis nach Oban am Atlantik im Südwesten Schottlands führt. Sie besteht aus Loch Ness, Loch Oich, Loch Lochy sowie Loch Linnhe und verläuft durch den Kaledonischen Graben. Der Graben, auch „The Great Glen" genannt, durchtrennt Schottland quer und teilt die Grampian Highlands von den Central

Highlands ab. Seit 1822, als in Fort Augustus eine fünf-stufige Schleusentreppe eröffnet wurde, können auch die Fischer gefahrlos durch den gesamten Graben vom Westen nach Osten kommen. So gelangen sie praktisch quer durchs Land vom Atlantik in die Nordsee und zurück, ohne außen herum im Norden durch den für seine Stürme gefürchteten Pentland Firth zwischen John o´Groats und den Orkney Islands fahren zu müssen.

Die A82 bringt mich ereignislos durch den Großen Graben bis nach North Ballachulish, dann durch das wunderschöne Glen Coe bis Bridge of Orchy.

Dort zweigt ein wirklich winziger Single Track rechts ab und verliert sich dann irgendwo im Glen Orchy. Neugierig folge ich dem Weg, von dem das Navi behauptet, die kürzeste Verbindung nach Argyll zu sein, wo mein heutiger Zielpunkt liegt.

Verwenden die schottischen Straßenbauer allgemein gerne und viel Rollsplitt, so haben sie hier ihrer Leidenschaft so richtig freien Lauf gelassen. Maximal zweiter Gang, mehr ist nicht drin, wenn man nicht die Kontrolle über das Motorrad verlieren will. Langsam und voll konzentriert durchquere ich das Tal des Flusses Orchy und freue mich, nach einiger Zeit diesen Weg hinter mir zu haben und wieder ordentliche Straßen unter die Räder nehmen zu können.

Es tauchen Richtungsschilder nach Inveraray auf. Dort in der Nähe liegt mein Campingplatz. Irgendwie bin ich ganz froh, bald anzukommen. Das Wetter hat sich wieder sehr verschlechtert und seit mindestens einer Stunde fahre ich bei strömendem Regen.

Der Straßenverkehr hat noch mehr zugenommen und die Zahl der Touristen sich scheinbar vervielfacht. Man spürt deutlich, dass die Metropolen Edinburgh und Glasgow wieder näher kommen.

Der Fahrspaß bleibt an diesem Donnerstag leider ein bisschen auf der Strecke. Kilometer fressen und ankommen lautet die Devise.

So bin ich recht zufrieden, als ich auf dem großen Parkplatz vor der vornehm wirkenden Rezeption des Campingplatzes in Argyll ausrolle. Gleich ist es geschafft. Dann nur noch schnell das Zelt aufschlagen und ins Trockene kriechen.

Beim Betreten des Empfangsbereiches beschleicht mich schon das Gefühl, hier fehl am Platze zu sein. Und genau so schauen mich zwei Damen von der anderen Seite der Theke an. Als ahnten sie, was ich gleich sagen würde und wie ihre Antwort darauf sei, setzen sie abwehrend ihr arrogantestes Lächeln auf.

„Hello, I would like to stay here for a night with my tent and my motorbike, please.“, bitte ich betont höflich.

„Oh nein, wir nehmen doch keine Zelter mit Motorrad auf! Schon blöd, dass es schüttet wie aus Eimern, aber eigentlich ist uns das egal. Gute Fahrt und schönes Leben noch!“, so lässt sich ihr Entsetzen über mein tollkühnes Anliegen vielleicht zusammenfassend übersetzen.

Der nächstgelegene Platz befindet sich in Ardgartan am Loch Long, circa 40 km von hier entfernt. Ob dort Zelte erlaubt sind, weiß ich allerdings noch nicht. Diesen und alle anderen Plätze, die ich anfahren wollte, hatte ich zu Hause via Internet schon daraufhin abgeklopft, ob sie für mich geeignet sind, oder ob nur Wohnwagen oder Dauercamper aufgenommen werden. Der in Ardgartan stand nicht auf meiner Liste. Schau´n wir mal.

Also los! Ärgerlich brettere ich über den Parkplatz, schaue kurz nach links, biege ohne anzuhalten nach rechts ab auf die Straße zurück nach Inveraray und drehe den Hahn wütend auf. Prompt schaue ich in die Lichthupe eines entgegenkommenden Autos! Verdammt, ich fahre auf der rechten Spur! Instinktiv steige ich in die Eisen und ziehe nach äußerst rechts an den Rand. Nein, das ist ja falsch, ich muss doch nach links! Aber der Autofahrer weicht mir schon aus und fährt auf die Gegenspur. Dort wäre ich ganz falsch positioniert gewesen, wir wären frontal aufeinander getroffen.

Nachdem er an mir vorbei ist, ziehe ich links rüber auf die richtige Seite und fahre mit Bedacht und einem gehörigen Schrecken in den Knochen weiter. Das war nicht ungefährlich, ich darf einfach nicht die Konzentration verlieren, auch wenn mir vor Zorn der Kamm schwillt!

Die A83 von Inveraray nach Ardgartan führt durch unbedingt sehenswertes Terrain über den Pass „Rest and be thankful". Er wurde von Soldaten so benannt, die im 18. Jahrhundert dort mit dem Straßenbau beauftragt waren. Nach dem steilem Anstieg hinauf zu diesem Punkt dürfte aber wirklich jedem Wanderer danach sein, sich, wie der Name des Passes besagt, auszuruhen und dankbar diese Aussicht zu genießen.

Knappe 10 Kilometer später erreicht man im Tal das Loch Long und den gut beschilderten Weg zum Campingplatz von Ardgartan.

Als ich ankomme, stelle ich die RT direkt vor dem Schlagbaum ab und gehe in den etwas abseits gelegenen Bioladen hinein, der aussieht, als befinde sich dort auch die Rezeption.

Auf die Empfangstheke ist die Preisliste geklebt und mit einem Blick darauf wird mir klar, das dies die mit Abstand teuerste Übernachtung der bisherigen Reise werden wird.

In meiner Lage spielt es aber eine untergeordnete Rolle, dass man hier etwa das Doppelte des ungefähren Durchschnittspreises verlangt. Es regnet, und ich möchte nicht mehr weiterfahren, sondern einfach einen Platz für die Nacht haben.

Es gäbe zwar noch die Möglichkeit, wild zu campen, das ist in Schottland erlaubt, wenn der Grundstückseigentümer nichts dagegen hat, das will ich aber heute nicht. Auf Toiletten, Duschen und frisches Wasser möchte ich nicht gern verzichten.

Es erscheint eine resolute Frau mittleren Alters, die sofort damit beginnt, ein Formular auszufüllen, während sie zum wahrscheinlich tausendsten Mal die Verhaltensregeln auf ihrem Platz herunterbetet. Sie spricht rasend schnell und nur sehr schwer verständlich. Ich glaube, gegen Ende des Vortrages gehört zu haben, dass nichts außerhalb des Zeltes liegen bleiben darf.

„We have got some foxies here."

Die Bedeutung ist mir jedoch noch nicht ganz klar.

Dann weist sie mir einen ganz bestimmten Platz mitten auf einer ansonsten leeren Wiese zu und vergisst auch den Anpfiff wegen Parkens vor der Schranke nicht. Dass es den geben würde, war klar und irgendwie auch ein bisschen bewusst provoziert. Ist schon okay.

Der Zeltaufbau erweist sich als sehr schwierig, weil der Untergrund der Wiese aus grobem Schotter besteht, in dem selbst die löchrige Grasnarbe kaum Halt findet. Es fühlt sich so an, als wollte ich die Heringe ins Schotterbett eines Bahngleises schlagen. Die äußerst stabilen Alunägel geraten dabei zum ersten Mal etwas außer Form. Trotz des Regens steht das Zelt dennoch nach kurzer Zeit recht stabil auf dem steinharten Untergrund. Die robuste Folie, die ich immer unter den Zeltboden lege, war nirgends so sinnvoll wie hier.

Als ich dann im Zelt liege und draußen der Regen schwer auf die Außenhaut trommelt, bin ich erleichtert, angekommen zu sein und einfach nur daliegen zu können. Ich döse vielleicht eine Stunde vor mich hin, dann mache ich mich auf, um den Platz zu erkunden.

Schnell wird mir klar, dass er es keinesfalls unter die Spitzenreiter meiner bisherigen Lagerplätze schaffen wird. Alles ist sehr zweckmäßig, fast zu offensichtlich auf Massenabfertigung ausgelegt.

Mein Abendessen besteht lediglich aus einer Tüte Weingummis. Etwas anderes habe ich vergessen, zu besorgen. Auf eine Tütensuppe, die als Notverpflegung irgendwo im Gepäck sein müsste, habe ich nun keinen rechten Appetit mehr.

Bevor ich in die Koje krieche, räume ich auch wirklich alles ins Zelt und lasse nichts draußen liegen.

Ein gutes Buch und etwas Kartenstudium für morgen schließen den Abend ab.

Mitten in der Nacht schrecke ich plötzlich auf, weiß zunächst aber nicht, wovon. Ich lausche in die Dunkelheit. Wahrscheinlich war es nichts, außer dem Wind. Doch! Da! Jemand macht sich am Zelt zu schaffen. Will der etwa hier rein? Mein Puls beschleunigt sich, ich suche nach einem Gegenstand, den ich dem Eindringling überziehen könnte. Die Taschenlampe muss genügen.

Das Geräusch hört sich jetzt mehr wie ein Scharren am Boden an, allerdings nicht mehr draußen, sondern innerhalb des Vorzeltes.

Mann, natürlich! Foxies! Die Vermieterin hat mich vor Füchsen gewarnt. Jetzt erst fällt der Groschen. Mit tierischen Besuchern hatte ich auf keinen Fall gerechnet.

Also beginne ich damit, Radau zu machen und während dessen meine Stiefel anzuziehen. Dann öffne ich den Reißverschluss ein wenig und sehe hinaus. Im Licht der Taschenlampe erkenne ich einen Fuchs in meinem Vorzelt. Zum Glück hat er beim Reinkommen den Reißverschluss des Außenzeltes etwas aufgekriegt, so dass er nun leichter flüchten kann und sich nicht in die Enge getrieben fühlt. Dennoch ist er von meinen Anstrengungen nur mäßig beeindruckt und trottet eher gemächlich davon.

Ich krabbele ganz aus dem Zelt und scheuche ihn noch ein bisschen, aber er schnürt relativ gelassen über den Platz in Richtung eines anderen Zeltes, das erst am späten Abend aufgebaut wurde. Eine Minute später ertönt aus diesem Zelt hektisches Geschrei. Diesmal wird er von englischen Schimpfwörtern verjagt.

Beim Zurückgehen fällt mir im Licht der Taschenlampe noch ein weiterer Fuchs in der Nähe auf.

„Bei mir ist doch nichts zu holen, ich habe keine Lebensmittel mehr. Was wollt ihr denn bei mir?“

# Ardgartan / Arrochar - Peebles

08. - 13. Juni 2012

188 km, in und um Peebles dann noch 180 km

meist Regen

6° - 14° C

Peebles Old Parish Church

Es regnet auch heute morgen noch ziemlich stark. Da wird leider nichts aus dem außerplanmäßigen Abstecher zum Mull of Kintyre. Das hatte ich mir in der Nacht, als ich nach dem Besuch des Fuchses noch etwas wach gelegen habe, vorgenommen, um meinen Zeitüberschuss sinnvoll zu gestalten.

Bei der Planung hatte ich einfach grob geschätzt, dass das Wetter zu mindestens einem Drittel, also einer Woche, unfahrbar sein würde. Dazu plante ich noch zwei Tage ein, die ich einfach irgendwo Station machen könnte, wo es mir gefällt. Die beiden Tage habe ich ja verbraucht, aber die Schlechtwetterwoche habe ich sozusagen noch unangetastet vor mir, weil ich auch bei Regen gefahren bin.

Nun bin ich nur noch eine Tagesreise von Peebles entfernt, dort wird meine Schottland-Rundfahrt zu Ende sein.

Über die langgestreckte Halbinsel Kintyre habe ich nichts gelesen und sie bei meiner Routenplanung nicht beachtet. Das Münchner Ehepaar, mit dem ich mich auf Skye unterhalten habe, gab mir aber den Tipp, dort hinzufahren. Am südlichen Ende grenzt die Halbinsel an den Mull of Kintyre, und weil mir das gleichnamige Lied aus den Siebzigern gut gefällt, war mir auch der Gedanke, hinzufahren, sofort sympathisch. So war mein Plan für heute, eine Runde über Kintyre zu drehen. Nun macht mir aber das Wetter einen Strich durch die Rechnung, Sightseeing-Wetter ist das wirklich nicht.

Einen Tag länger hier zu bleiben, wäre absolut sinnvoll, aber wegen der Füchse und des harten Bodens packe ich meine Siebensachen ein und reite mit der RT lieber in Richtung Peebles. Der dortige Campingplatz ist sehr sicher und angenehm.

Die Fahrt durch den Regen finde ich gar nicht mal so schlecht. Solange die Klamotten dicht und warm sind, kann ich mich sogar richtig wohl fühlen. Das liegt wahrscheinlich zum größten Teil daran, dass die Angst vor Regenfahrten der Gewissheit gewichen ist, auch auf nassen Straßen sicher unterwegs sein zu können.

Mein Gefühl für das Fahren auf der schweren RT hat sich auch gewandelt, es ist wesentlich routinierter und selbstverständlicher geworden. Die dicke Bertha und ich sind jetzt ein prima Team.

Im Vergleich zu gestern ist auf den Straßen fast nichts los, obwohl ich immer weiter in die Nähe von Stirling komme. Die relativ große Stadt beherbergt bestimmt Unmengen von Touristen, aber die bleiben bei diesem Wetter vielleicht lieber in ihren Unterkünften.

Irgendwann, ich weiß gar nicht so genau, wo ich eigentlich bin, sehe ich ein einladendes Schild, das Besucher zu einer Art Ausflugscafé locken soll. Das trifft sich gut, denn ich habe noch nichts gegessen und einen Bärenhunger. Vielleicht kann ich hier endlich mal dieses berühmte schottische Frühstück testen.

Außer mir ist kein weiterer Gast im „Ben View". Der Wirt kümmert sich sofort um mich, nimmt sich einen Augenblick Zeit für ein nettes Gespräch über das tolle Motorrad und verschwindet dann in der Küche, um mir das bestellte „Full Scottish Breakfast" anzurichten.

Als er es mir serviert, bin ich ehrlich beeindruckt. Alles, was das Herz begehrt, wenn man hungrig ist, lacht mich vom Teller an. Bohnen, Eier, Speck, Toast, Tomaten, gebratene Wurst und natürlich das legendäre Haggis, das größtenteils aus Schafsinnereien und Hafer besteht, stellt er in ungeheuren Mengen vor mir auf den Tisch. Dazu einen großen Kaffee. Sensationell!

Das Frühstück schmeckt hervorragend, selbst das Haggis, und reicht sicher aus, um einen Mann für den ganzen Tag zu sättigen.

Der Wirt fragt, ob alles in Ordnung sei und ich erwidere, dass dies eines der besten Frühstücke ist, die ich je gegessen habe. Da flitzt er raus, holt von irgendwo seinen Kumpel her, den er in dreckigen Arbeitsklamotten durch das blitzsaubere Lokal bis direkt an meinen Tisch schiebt. Dann bittet er mich, das zu wiederholen, damit sein Freund hört, wie gut sein Essen ist. Ich lobe das Frühstück natürlich in den siebten Himmel. Die beiden sitzen schließlich kurz darauf mit mir am Tisch und wir reden über alles Mögliche.

Auf dem Parkplatz, als ich mich startklar mache, denke ich noch, dass ich viel öfter hätte essen gehen sollen. Immer nur Tankstellenkost wäre eigentlich nicht nötig gewesen. Dieses Frühstück war jedenfalls hervorragend, das könnte ich jeden Tag vertragen.

Hier, irgendwo nördlich von Glasgow, herrscht langsam wieder reger Straßenverkehr, ich bin zurück in der Zivilisation angelangt. Entlang meines Weges taucht immer mehr Industrie samt ihres Lieferverkehrs auf.

Mein Ziel ist Stirling, dort möchte ich das Wallace Monument besichtigen. Es erinnert an den großen schottischen Freiheitskämpfer Lord William Wallace, den die Schotten noch heute sehr verehren und den die Engländer Ende des 13. Jahrhunderts auf, selbst für damalige Verhältnisse, ausgesprochen grausame Weise hinrichteten. Seit dem Film „Braveheart" ist er auch international zu einem Begriff geworden. Das Monument ist ein 67 Meter hoher Turm, dessen 242 Stufen bis zu einer Aussichtsplattform führen, die für Besucher zugänglich ist.

1997 wurde zu Ehren des Nationalhelden außerdem eine vier Meter hohe Statue am Fuße des Turmes aufgestellt. Sie kam sehr gut bei den Touristen an, hatte aber für die Schotten einen entscheidenden Nachteil, denn sie stellte den Braveheart-Schauspieler Mel Gibson dar und nicht William Wallace. Das sorgte für mehrfache Beschädigungen und Verunstaltungen der Skulptur. Der Widerstand der Bevölkerung hatte schließlich zur Folge, dass das Kunstwerk 2008 an den Bildhauer zurückgegeben werden musste. Nun erinnert, wie zuvor, nur der Turm an den Freiheitskämpfer.

Trotz Navi wird die Verkehrsführung immer undurchsichtiger, je weiter ich mich Stirling nähere. Die trübe Sicht im Regen hilft bei der Orientierung auch nicht unbedingt. In der Stadt sorgen einige Umleitungen wegen Baustellen für vollkommene Verwirrung und ehe ich auch nur einen einzigen Hinweis gefunden hätte, wo nun dieses Monument zu finden sei, bin ich auch schon wieder aus Stirling raus und finde mich auf der Autobahn Richtung Edinburgh wieder. Die Besichtigung des Braveheart-Denkmals fällt somit leider aus.

Viel lieber wären mir kleinere Straßen gewesen, aber dies ist die einzig sinnvolle Möglichkeit, zwischen den beiden Riesenstädten Glasgow und Edinburgh hindurch, wieder in den Süden zu gelangen. Alle kleineren Straßen führen nicht zum Ziel, oder enden schließlich doch auf der Autobahn.

Einmal nehme ich eine falsche Ausfahrt und lande auf der autobahnähnlichen, nördlich des River Forth verlaufenden, A985.

So muss ich anschließend wieder über die Forth Road Bridge, diesmal in umgekehrter Richtung wie bei der letzten Überquerung. Auch heute, und wieder bei Regenwetter, macht das Befahren dieser Brücke alles andere als Spaß. Der Belag ist rutschig, die Dehnungsfugen beanspruchen das Fahrwerk sehr und dichter Verkehr sorgt für eine gewisse Anspannung. Auch dieses Mal bin ich froh, als ich drüben ankomme. Das weitere Stück Autobahn, das ringförmig um Edinburgh herum führt, lässt sich dank griffigem Straßenbelag relativ entspannt fahren.

Bei Loanhead bin ich froh, wieder auf kleinere Straßen wechseln zu können.

Schon bald kommt mir die Strecke bekannt vor. Ich durchquere das bezaubernde Städtchen Penicuik, das mir auf der Hinfahrt schon so sympathisch war. Damals, vor zwei Wochen erst, hatte ich mir vorgenommen, auf der Rückfahrt hier einen Stopp einzulegen, aber es regnet einfach zu stark, um einen schönen Spaziergang durch die Stadt machen zu können.

Nach wenigen Kilometern auf der Landstraße A703 erreiche ich Peebles, an dessen Ortseingang gleich die Einfahrt zum Campingplatz liegt. Das Schild „Welcome to Crossburn“ wirkt wie ein wohlwollender Willkommensgruß aus der Heimat.

Hier schließt sich der Kreis im wahrsten Sinne des Wortes. Meine Schottland-Runde endet hier. Und ich habe noch so viel Zeit, fünf Tage bleiben mir bis zur Rückfahrt nach Newcastle. Je nach Wetterlage unternehme ich von hier aus kleinere Tagesausflüge mit dem Motorrad oder zu Fuß.

Das Zelt schlage ich an der gleichen Stelle, in dem gleichen Pitch auf, wie beim letzten Mal. Und wieder bin ich der Einzige auf der Campingwiese am Bach.

Für heute ist jetzt aber Feierabend. Ich bleibe fast den ganzen restlichen Nachmittag im Zelt, lese etwas und denke über die Eindrücke nach, die Schottland bei mir hinterlässt.

Crossburn ist prima, hier stimmt alles und ich bleibe gerne hier, um noch ein paar Tage Urlaub zu machen.

An den nächsten Tagen wechseln sich Sonne und Regen ab, wobei Sonnenschein eher selten ist. Meist ist der Himmel diesig grau bewölkt, oder es regnet.

Die Temperaturen erreichen tagsüber sogar bis zu 18° C, die Nächte sind um 6° C noch ganz erträglich.

Full Scottish Breakfast

Am nächsten Tag lasse ich es langsam angehen und nutze die Zeit, um ausgiebig zu duschen, Kleidung zu waschen, Öl und Luft am Motorrad zu checken. Bei einem Spaziergang durch die Stadt ziehe ich mir Geld am Automaten der örtlichen Bank of Scotland. Auf dem Rückweg zum Zelt decke ich mich noch mit Lebensmitteln und Tageszeitungen ein, die Einkaufstüte ist bis zum Zerreißen gefüllt. Da keine Etappe zu fahren ist, muss ja nicht alles in die Packtaschen passen, so konnte ich im TESCO einen echten Lustkauf quer durch die Lebensmittelabteilung machen. Zu Hause am Zelt schmeiße ich den Gaskocher an und brate mir heute Steaks und Speckscheiben, dazu gibt es fertig angemachten Salat und eine Dose Baked Beans. Das ist der Hit, ich genieße jeden Bissen und lege mich dann faul ins Zelt.

Später, bei einem langen Spaziergang am Nachmittag, komme ich mit einem älteren Ehepaar ins Gespräch, das mit seinem Wohnwagen hier ist. Die beiden müssen morgen in aller Frühe wieder los, weil sie sich auf einer Rallye befinden, bei der sie innerhalb einer bestimmten Zeit nachweislich auf einer ganzen Reihe von Plätzen übernachtet haben müssen. Die Fahrt dauert mehrere Wochen.

Es scheint ein echtes englisches Hobby zu sein, Rallyes zu veranstalten. Diese beiden Camper, der Deauville-Fahrer in Carrbridge und auch der Harley-Fahrer von den Shetlands erzählten von vielen Rallyes, an denen sie bereits teilgenommen hätten.

Am Abend sitze ich noch lange auf dem Soziussitz der RT, die Füße liegen auf dem Fahrersitz und gemütlich ans Topcase gelehnt, schreibe ich an meinem Reisetagebuch.

Am 10.06. beschließe ich beim Full Scottish Breakfast in einem Gasthaus der Stadt, heute wieder eine Runde zu fahren.

Bei leichtem Regen lasse ich mich durch die Regionen Borders und Southern Uplands treiben. Wieder auf kleinsten Wegen, die alle super zu fahren sind, fühle ich mich pudelwohl. Im Sattel der dicken Bertha fühle ich mich wie zu Hause.

Nach der Tour ist auf jeden Fall vor der Tour. Diese hier hat mein Fernweh eher noch angeheizt, als es zu besänftigen. Sobald ich kann, plane ich die nächste Reise konkreter. Das Buch über eine Ostseeumrundung, das ich in den letzten Tagen gelesen habe, hat es mir angetan. Um die Ostsee bis zum Nordkap und über Norwegen zurück, das wäre was. Ungefähr 10.000 Kilometer in drei Wochen, das werde ich mal genauer austüfteln.

In Moffat, einem hübschen Städtchen, steht auf dem zentralen Marktplatz die Statue eines Hammels. Kurios vielleicht, aber viele Schotten verdanken den Schafen ihren Lebensunterhalt, warum sollten sie also nicht auch einem Schafbock ein Denkmal widmen dürfen.

Mir fällt mein Versprechen ein, das ich der Verkäuferin in Jedburgh gegeben habe, nämlich, dass ich auf dem Rückweg wieder in ihrem Kiosk vorbei schaue und mir den kleinen Schottland-Sticker abholen komme. Zwar klebt auf der rechten Packtasche mittlerweile ein Aufkleber mit den Nationalfarben Schottlands, der ist mir aber ein bisschen zu groß und wenn ich den kleinen bekommen könnte, den ich dort vor zwei Wochen kaufen wollte, wäre ich restlos begeistert.

Die Dame erkennt mich tatsächlich wieder und erinnert sich auch daran, was ich bei ihr kaufen wollte. Sie hat die kleinen Flaggen nun wieder vorrätig.

Interessiert fragt sie, wo ich in der Zwischenzeit überall gewesen bin und ob es mir gefallen hat.

Dann ziehe ich mit meiner neuen Trophäe von dannen. Da es jetzt stärker zu regnen beginnt, fahre ich wieder zurück nach Peebles.

Der Hunger lässt mich aber noch nicht gleich zum Zelt, sondern vorher noch zu einer Fish & Chips - Bude fahren. Noch nie im Leben hatte ich Gelegenheit, dieses berühmte englische Fast Food Gericht zu testen. Jetzt, da ich schon mal auf der Insel bin, ist es doch ein Muss, dies zu tun.

Das Lokal ist ganz frisch renoviert, die junge Frau sehr engagiert. Als einziger Gast habe ich ihre volle Aufmerksamkeit und schnell stellt sich heraus, dass sie eine Holländerin und vor nicht ganz zwei Wochen nach Großbritannien ausgewandert ist. Die Übernahme des Fish & Chips Shops hat sie natürlich vorher geklärt, aber jetzt beginnt ihr Leben in Schottland erst richtig.

Das Essen schmeckt hervorragend. Die Holländer haben es raus, wie man Fisch und Fritten zubereitet. Wir unterhalten uns ein bisschen auf Deutsch und ich wünsche ihr noch viel Glück beim Aufbau ihrer neuen Existenz.

Als ich zurück im Zelt bin, geht ein wahrhaftiger Wolkenbruch nieder. Es prasselt und platscht in einer Lautstärke, die jedes Gespräch unmöglich machen würde. Was bin ich froh, ein ordentliches Zelt gekauft zu haben, kein einziger Tropfen Wasser kommt ins Innere. Bei dieser Weltuntergangsstimmung im Schlafsack zu liegen und den Gedanken freien Lauf zu lassen hat auch seinen Reiz, gibt mir wieder das schöne Gefühl ein Weltenbummler auf Tour zu sein.

Meine Tagträume werden jäh von Männergeschrei und dumpfem Gepolter unterbrochen. Keine Ahnung, wie viele Leute das sein mögen, sie hören sich wie eine ganze schottische Armee an, die sich dem Feind entgegen wirft. Und sie kommen näher! Was ist denn da los? Schnell krieche ich aus dem Zelt und kaum strecke ich den Kopf heraus, da werde ich auch schon fast von einem urwüchsigen Typ umgerannt. Mit dem Fuß reißt er eine Leine samt Hering heraus, rennt aber brüllend weiter.

Erst als ich neben dem Zelt stehe, durchschaue ich die Situation. Es sind zwei grobschlächtige Kerle, die ein Boot, einen Canadier aus Kunststoff, verfolgen, das in dem inzwischen beträchtlich angeschwollenen Bach über Steine rumpelnd davontreibt. Das Boot ist ziemlich schnell unterwegs und die beiden jagen brüllend über Stock und Stein hinterher. Nur zwei Mann veranstalten so einen Spektakel, ich möchte keiner schottischen Armee gegenüber stehen.

Den 11.06. verbringe ich damit, mir Peebles und seine Kirchen anzuschauen. Die Temple Perceptory von 1129 war sogar einmal Hauptsitz der Tempelritter.

Sonst verläuft der Tag vollkommen ereignislos.

Die Stadt wird geschmückt und entlang der Hauptstraße beginnen Ordnungsleute, Sperren und Gitter aufzubauen. Wie ich höre, kommt am 14.06., dem Tag, an dem ich nach Newcastle fahre, hier die olympische Flamme durch, und die meisten Straßen sind ab 8 Uhr morgens gesperrt.

Dann muss ich also früher losfahren, als gedacht. Eigentlich wollte ich nicht vor 10 Uhr starten. Die Hafengegend von Newcastle hat nicht sehr einladend ausgesehen, dort möchte ich nicht zu früh ankommen und lange warten müssen.

Alle Ortschaften entlang der Strecke des Fackellaufes sind schön geschmückt und die Straßen abgesperrt. Überall hängen Girlanden, Flaggen und Wimpel, quer über die Straßen gespannt grüßen Transparente die Fackelläufer. Heute am 12.06. fahre ich zum Spaß ein Stück der Strecke nach Newcastle und sehe, dass es schwierig werden könnte, am Donnerstag hier durchzukommen. Heute stört es offenbar niemanden, dass ich die gesperrten Straßen benutze. Entweder brauche ich dann eine alternative Strecke, oder fahre eben ziemlich früh, wenn noch nicht viele

Leute unterwegs sind und die Sperrung noch nicht ernsthaft überwacht wird.

Zurück im Zelt, beiße ich mir an englischen Bonbons eine Krone aus den Zähnen. Sofort mache ich telefonisch einen Zahnarzttermin für den Tag nach meiner Rückkehr aus. Das wäre schon mal geklärt!

Einmal staune ich nicht schlecht, als ein englischer Camper plötzlich an der RT steht und mit einem Läppchen und Poliermittel versucht, die Schrammen, die ich mir auf Applecross eingefangen habe, heraus zu polieren. Sicher total nett gemeint, aber wie würde Obelix sagen? „Die spinnen, die..."

Am Tag vor der Rückreise, dem 13.06., mache ich wieder nichts Besonderes. In der Stadt besorge ich angesichts der Preise auf dem Schiff genügend Reiseproviant. Auf der Hauptstraße ist jetzt schon kein Auto mehr unterwegs, aber ich muss sie morgen benutzen, der Campingplatz liegt an dieser Straße und wie soll ich sonst hier wegkommen?

Vor einem Haus fällt mir ein Motorrad, ein echter Oldtimer auf. Es ist eine alte Triumph, an der ich stehen bleibe um sie mir genauer anzusehen. Da kommt aus der Garage ein großer hagerer Mann in Lederklamotten, wie man sie vor 30, 40 Jahren zum Motorradfahren getragen hat. Sogar Lederhaube und Fliegerbrille trägt er. Mit einem Tritt auf den Kickstarter bringt dieser Nick Knatterton die Maschine zum Laufen und schaut mich fragend an. Ich erkundige mich, ob dies nicht die gleiche Maschine sei, mit der Ted Simon in den Siebzigern um die Welt gefahren ist. Er sagt, dies sei eine 650er, Simon sei mit einer 500er gefahren. Ohne einen weiteren Ton zu sagen, dreht er den Gasgriff auf und knattert auf der qualmenden Triumph davon, beeindruckend. Auf diesem Gefährt jahrelang unterwegs zu sein, macht bestimmt nicht immer nur Spaß. Der berühmte Weltenbummler Ted Simon hat die Tour dennoch durchgehalten.

Abends programmiere ich das Navi für die Heimfahrt und lasse meine Reise mental Revue passieren. Geht es bei einer Motorradtour eigentlich immer nur um den Spaß am Fahren, oder ist nicht auch ein bisschen Eitelkeit dabei, dass man später erzählen kann, wo man mit dem Motorrad schon überall war? Auf der alten Triumph hielt sich der Fahrspaß garantiert in Grenzen und dennoch ist Simon damit jahrelang unterwegs gewesen, rund um die Welt. Nicht zuletzt seine Bücher „Jupiters Fahrt“ und „Jupiters Träume“ waren es, die mein Fernweh angefacht und mich zu einer größeren Tour animiert haben.

# Peebles - Heidelberg

über Newcastle/North Shields und Amsterdam

14. - 15. Juni 2012

173 km + 550 km

wechselhaftes Wetter, 14° - 18° C

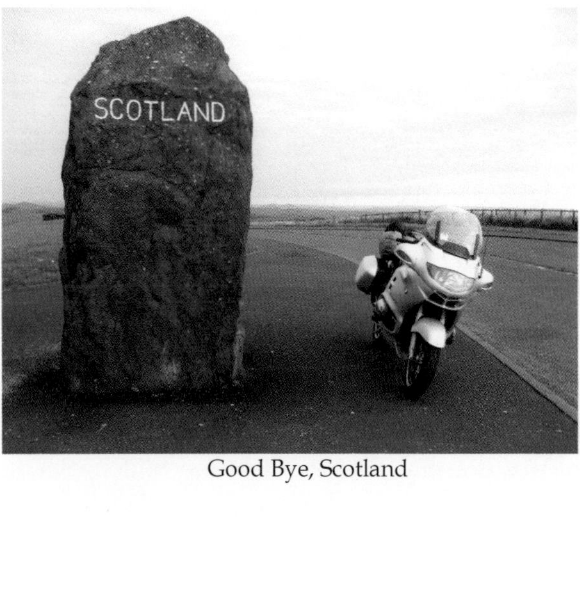


Good Bye, Scotland

Der Tag der Abreise aus Schottland und England ist angebrochen. Nun endet die Tour mit einer letzten Etappe durch diese atemberaubend schöne Landschaft.

Etwa um 6:30 Uhr drücke ich auf den Anlasserknopf und starte die Fahrt nach Newcastle, um von dort mit dem Schiff nach Holland überzusetzen.

Nach der Ausfahrt vom Campingplatz durchquere ich Peebles auf der A703. Sie ist bunt geschmückt und frei von Fahrzeugen, außer meinem. Mit eingeschalteter Warnblinkanlage fahre ich gemächlich mitten auf der Straße vorbei an den Absperrgittern, die die Zuschauer auf den Bürgersteigen zurückhalten sollen. Ein angemessener Abschied, wie ich finde. Zum Glück ist weit und breit noch keine Polizei zu sehen.

Weiter durch das Tweed Valley sind alle Ortschaften toll geschmückt und auf den olympischen Fackellauf vorbereitet. Überall bin ich der Einzige, der noch auf der Laufstrecke unterwegs ist. Später hätte ich echt nicht losfahren dürfen, dann wäre hier sicher kein Durchkommen mehr möglich gewesen.

Immer wieder wechseln sich kleinere Regenschauer und Sonnenschein ab.

Kurz nach Melrose ist kein Straßenschmuck mehr installiert und ab hier folge ich, wie auf der Hinreise, der A68, diesmal aber in Richtung Süden. Sorgsam achte ich auf die Geschwindigkeit, denn Blitzgeräte gibt es auch auf dieser Seite jede Menge.

Weil es noch sehr früh ist, sollte ich ohnehin versuchen, langsam zu fahren und Zeit zu schinden, damit die Wartezeit am Hafen nicht so ultralang wird.

Wie gerufen prangt da auf einem hohen Mast ein großes goldenes M in der Nähe. Wenige Minuten später genieße ich in aller Ruhe ein McFrühstück und lese ausgiebig in der Tageszeitung „The Scottish Sun", die ungefähr der größten deutschen BILDungszeitung entsprechen dürfte. Auch die Olympiade und der Fackellauf sind ein wichtiges Thema darin.

Und schließlich erreiche ich wieder Carter Bar, die Grenze zu England mit den tonnenschweren Grenzsteinen, auf denen in weißen Buchstaben auf der entsprechenden Seite Scotland oder eben England geschrieben steht. Ich halte an und schaue noch einmal ein bisschen wehmütig auf das Land hinter mir. Nicht ohne Stolz überquere ich die Grenze, an der sich selbst die Römer einst die Zähne ausgebissen haben und von den schottischen Raubeinen in die Knie gezwungen wurden. Kaiser Hadrian ließ zum Schutz des Römischen Reiches ein paar Kilometer von hier eine Schutzmauer, Hadrian´s Wall, errichten. Mit den Schotten verbindet mich nun nach meiner Reise eine ungeheure Sympathie und so etwas wie Solidarität. Mögen sie recht bald über ihre Unabhängigkeit selbst entscheiden dürfen.

Durch England schlägt das Navi den kürzesten Weg vor, der ab Elishaw von der Hinfahrt abweicht, weil er über die A696 bis Newcastle führt.

Die Strecke lässt sich sehr gut fahren und im Nu sind die ersten Vororte der großen Hafenstadt erreicht. Unmengen von Kreisverkehren lassen mich nach und nach die Orientierung verlieren, einzig das Navi bestimmt nun den Weg. Die Stadt ist riesig, doch als die ersten Hinweisschilder zur Fähre nach Amsterdam auftauchen, lässt die Anspannung nach und trotz des Regens ist meine Laune bestens.

Im Hafen finde ich sofort das richtige Terminal, das riesige Schiff davor ist schließlich nicht zu übersehen. Es ist erst kurz nach Mittag und so stehe ich zwar ziemlich weit vorne, aber wenigstens nicht alleine und als Erster in der Warteschlange für Motorräder.

Die Biker vertreiben sich die Zeit mit Benzingesprächen und dem Bestaunen der anderen Motorräder. Nun lacht auch die Sonne wieder und gegen 15 Uhr dürfen wir auf´s Schiff.

Wieder geht es beim Vertäuen der Mopeds furchtbar eng zu, es stresst mich aber lange nicht so, wie auf der Herfahrt. Fast schon routiniert verlade ich die RT. Sagenhaft, wie schnell man sich doch an etwas gewöhnen kann.

In der Kabine angekommen, werfe ich die Sachen auf den Boden und mich ins Bett. AAAH, ist das herrlich! Und soo bequem! Heute werde ich früh schlafen gehen und den Luxus genießen, in einem Bett liegen zu dürfen.

Kabine auf dem Schiff

Noch bevor das Schiff aus dem Hafen ausläuft, bin ich frisch geduscht und gemütlich angezogen auf dem Weg nach hinten zur Aussichtsplattform.

Es fahren immer noch Motorräder und Autos in den Bauch der Fähre. Schon bald aber sind alle verladen und die King Seaways macht sich pünktlich auf die Fahrt aus dem River Tyne hinaus auf die Nordsee und in Richtung Amsterdam.

Großbritannien wird kleiner und kleiner und verschwindet schließlich hinter dem Horizont.

Aus dem River Tyne hinaus auf die Nordsee

Obwohl die See diesmal deutlich unruhiger ist - ich bin wirklich froh, dass die RT gut verzurrt ist -, ist die Fahrt total angenehm. Wie geplant, bin ich früh im Bett, lese noch und schlafe dann glücklich wie ein sattes Baby ein.

Am nächsten Morgen entlässt die Fähre Wohnmobile, LKW´s, Busse, Autos und schließlich zuletzt die Motorräder in ergiebigen holländischen Regen. Hört das denn nie auf?

Noch im Laderaum ziehe ich meinen großen Regenanzug an, vollkommen zu Recht, wie sich dann auf den ersten Kilometern schon herausstellen wird. Auf der Autobahn drückt sich das Wasser durch die kleinste Ritze. Äußerst unangenehm zieht sich Kilometer um Kilometer durch unwetterartige Niederschläge.

Ich will jetzt nur noch tanken und fahren, und zwar so schnell wie möglich nach Hause.

Bis nach Köln, fast schon Koblenz hält sich das elende Wetter, dann schließlich hört der Regen auf, und die Straßen beginnen abzutrocknen. Ab jetzt kann ich richtig Tempo machen.

Die Tagesetappe von 550 km ist viel schneller geschafft, als ich es erwartet habe, doch als ich zu Hause vorfahre, sind meine drei Mädels schon zur Stelle, um mich willkommen zu heißen, noch bevor ich den Zündschlüssel auf „Aus“ gedreht habe. Sie haben schon auf mich gewartet.

Die Wiedersehensfreude ist groß. Ich bin dankbar für dieses wunderbare Erlebnis und dafür, dass ich heil nach Hause kommen durfte.

Meine Frau und die Kinder schnappen sich hilfsbereit mein Gepäck und tragen schon alles ins Haus.

Dann nehme ich den Tankrucksack unter den Arm, und bevor ich ihnen folge, tätschele ich kurz die RT lobe sie:

„Gut gemacht, Bertha!“

# Epilog

Während der vergangenen drei Wochen konnte ich nicht nur, ein mir bis dahin fremdes Land, besser kennenlernen, sondern ich verbrachte natürlich viel Zeit mit mir selbst und meinen Gedanken.

Auf Reisen zu sein und mit eingeschränktem Lebensstandard vollkommen zufrieden klar zu kommen, empfand ich als ungeheuer befreienden Zustand des Seins. An keinem Ort war ich verwurzelt, konnte weiterfahren oder bleiben, war stets mein eigener Herr.

Meine Erwartungen wurden bei Weitem übertroffen, das Land ist noch schöner, als es viele Reiseführer darstellen. Befürchtungen, die ich in Bezug auf den Linksverkehr und die Campingplätze hatte, erwiesen sich als übertrieben.

Die Tour durch Schottland war eines der Erlebnisse, von denen ich ein Leben lang zehren und mich immer wieder gerne daran zurückerinnern werde. Für mich war diese die bisher weiteste Motorradtour und die Reise meines Lebens, zumindest bis jetzt.

Mein Fernweh ist unterdessen keineswegs geheilt, es hält viel mehr Ausschau nach neuen Wegen und Möglichkeiten, dem Alltag mit dem Motorrad zu entfliehen und ferne Länder besuchen zu können. Denn dass weitere große Touren und Abenteuer folgen werden, dessen bin ich mir sicher.

Das Erzählen meiner Erlebnisse in diesem Buch hat mir sehr viel Spaß gemacht, weil ich so die Tour im Geiste noch einmal fahren und mir die meisten Details wieder in Erinnerung rufen konnte.

Hoffentlich hattet Ihr, liebe Leser, ebenso viel Vergnügen dabei, mit mir zu kommen. Wenn der eine oder andere von Euch Lust darauf bekommen hat, nach Schottland zu fahren, freue ich mich und wünsche ihm ein phantastisches Abenteuer.

Auch auf Rückmeldungen zu meinem ersten Buch per E-Mail bin ich gespannt:

abenteuerschottland@t-online.de

Auf der Homepage, die ich noch erstellen möchte, findet Ihr alle Bilder von unterwegs:

www.abenteuerschottland.de

Danke für Eure Zeit

**„Keep the shiny side up!!!"**

*Euer*

*Günter Wensky*

# Interessante Informationen

| | |
|---|---|
| Gesamte Fahrtstrecke: | 4.123 km |
| getankt insgesamt: | 209,94 l |
| Benzin-Verbrauch: | 5,09 l / 100 km |
| Ölverbrauch: | ca. 300 ml/1.000 km |

**I. Kosten der Reise:**

| | |
|---|---|
| Kosten Benzin: | 335,38 EUR |
| Kosten Unterkunft: | 215,66 EUR |
| Sonstiges (ISO-Matte etc.): | 146,05 EUR |
| Fähre: | 349,00 EUR |
| Gesamtkosten: | 1046,09 EUR |
| | ========== |

Verpflegung wäre zu Hause auch angefallen,
deshalb nicht in der Aufrechnung: 175,41 EUR

==========

## II. Packliste und Bewertung

An einem der letzten Reisetage habe ich alle Ausrüstungsgegenstände danach bewertet, wie wichtig sie mir auf dieser Tour waren.

Meine Einteilung:

1 = muss unbedingt dabei sein

2 = von Vorteil, wenn dabei, aber nicht zwingend

3= ganz schön, wenn man es dabei hat (Luxus)

4 = unnötig

Handschuhfach (1kg):

1: Zigarettenanzünderkabel, Handy + Ladekabel + Ohrhörer + Ladegerät, kl. Taschenlampe für Ölstandskontrolle, Luftdruckmesser

2: Navi + USB-Kabel + USB-Adapter

3: ebook - USB-Ladekabel

4: Bremsscheibenschloss

unterm Sitz (1kg):

2: Trichter, Luftpumpe, 500ml Öl, Abblendlichtbirne, Lappen, Reifenrep.Set + Ventile + Ventilkappen, Zündkerzen, Blinker- Bremslicht- Rücklichtbirne

Tankrucksack (6,5kg):

1: Getränke, Karte, Lesebrille, Stift, Taschenmesser

2: Lebensmittel (Tupperdose), kl. Thermoskanne, Stirnlampe, Fotoapp., Batterien, Tempos + etwas WC-Papier, Pflaster

3: Reiseführer, Wörterbuch, Notizbuch, Thermometer, Nähzeug

4: Brillenreinigungstücher, Kompass

linke Packtasche (4kg):

1: Kleidung ( 1 x Jeans, 2 x T-Shirt, 2 x Hemd, 3 x Unterhosen und Socken, 1 x Fleece-Jacke), 2 x Handtuch, Bauchtasche (sehr wichtig auf Campingplätzen),

3: 1 x Kleiderbügel

rechte Packtasche (4kg):

1: Erste-Hilfe-Tasche, Kulturbeutel (auch Medikamente, Mückenschutz, Nagelschere), Tempos, zweite Funktionsunterhose

2: Werkstatthandbuch, Bedienungsanl. + Händlerverz., Werkzeug (auch Sicherungen, Draht, Kabelbinder, Gewebeband)

3: Badeschlappen, Steckdosenadapter, Plastikbeutel f. Kleinkram, Nierengurt

Top Case (5kg):

1: Regenüberjacke und -hose, Regenüberzug Tankrucksack, Geschirr-Handtuch

2: Rolle Tape, Regenschirm, Rucksack (z.B. auf Schiff sinnvoll), Turnschuhe (in Plastiktüte)

3: Regenjacke zivil, Ersatzhandschuhe, Regenüberzug Gepäckrolle und Zelttasche, Gepäcknetz und kurze Riemen um notfalls etwas aufs TopCase schnallen zu können (evtl. auch unnötig), Gaskocher, Feuerzeug

4: Mütze, Waschmittel (mit Duschgel geht es auch)

Zelttasche (5,5kg):

1: Zelt, Zeltgestänge, Heringe, Leinen, Plane für unters Zelt, Hammer, Lampe „Zeltbeleuchtung“

Gepäckrolle (10,5kg):

1: Luftmatratze / ISO-Matte, Schlafsack, kl. Kopfkissen, Feuerzeug, Sweatshirt, Jogginghose, Innenfutter Motorradhose

2: Tasse, Besteck, 6 Wäscheklammern, Dreibeinhocker, Spanngurte, 2 Zippertüten, Toilettenpapier (max. ½ Rolle)

3: Flickzeug Luma, Kochgeschirr, Teller, Salz, Pfeffer, Spülmittel, Spüllappen

4: Ohrstöpsel, Ersatz-Gaskartusche

Motorradjacke (ca. 0,5kg):

1: notwendige Tabletten (auch Dosis für den Fall, dass alles andere verschwindet), Papiere (auch grüne Vers.karte), Geld, Warnweste, Warndreieck zum über den Helm ziehen, Labello, Karten- und Tel.-nummern für Notfälle, Kleinkram

Insgesamt ca. 38kg Gepäck, so verteilt, dass so viel Gewicht wie möglich nach vorne kommt und zwischen rechts und links kein Ungleichgewicht entsteht.

Eigene Notizen:

## III. Länderinfos

### Klima und beste Reisezeit

Durch den angrenzenden Atlantik bleiben die Temperaturschwankungen recht moderat, d.h. milde Winter und kühle Sommer unterscheiden sich im Wesentlichen durch die Menge der Niederschläge.

Die beste Reisezeit ist von Mai bis Ende Juni, dann fällt am wenigsten Regen und die Temperaturen erreichen ihre Höchstwerte.

### Währung

- Gesetzliches Zahlungsmittel ist das Englische Pfund, es hat 100 Pence.
- EC-Karte (Maestro) wird überall akzeptiert, Geld am Automaten zu ziehen, war nirgends ein Problem.
- Zum Tanken habe ich meist eine Kreditkarte benutzt.
- Banknoten, die von der Bank of Scotland ausgegeben werden, haben andere Motive, als die üblichen englischen Noten und werden angeblich lieber angenommen.

notwendige Papiere

– gültiger Personalausweis
– Führerschein (ich habe keinen internat. FS)
– Zulassungsbescheinigung (Fahrzeugschein)
– grüne Versicherungskarte
– Krankenversicherungskarte (bei Versicherung anrufen, ob eine internationale notwendig ist)

wichtige Umrechnungsfaktoren

| | | |
|---|---|---|
| 1 mile | : | 1,609 km |
| 1 km | : | 0,622 miles |
| 1 Pfund | : | ca. 1,16 EUR |
| 1 EUR | : | ca. 0,86 Pfund |
| 1 bar | : | 14,50377 psi |
| | | z.B. 2,5bar ~ 36,26psi |
| 1 psi | : | 0,06894757 bar |

Rufnummern

- Internationale Vorwahl Großbritannien: 0044
- Internationale Vorwahl Deutschland: 0049
- **Polizei, Rettungsdienst, Feuerwehr 999**
- In Telefonzellen kann man auch angerufen werden, die Nummer ist am Telefon angebracht.
- ADAC-Notrufzentrale 0049 / 89 / 22 22 22

Verkehrsregeln

- In ganz Großbritannien herrscht Linksverkehr
- im Kreisverkehr hat der Fahrer im Kreisverkehr Vorfahrt
- Promillegrenze ist 0,8 , für uns Motorradfahrer sollte freiwillig 0 Promille die Grenze sein
- gelbe oder rote Linien am Bordsteinrand bedeuten Parkverbot, dopplte Linien Halteverbot
- Höchstgeschwindigkeiten:

  Ortschaften: 30 mph = 48 km/h

  Landstraße : 60 mph = 96 km/h

  Autobahn : 70 mph = 112 km/h

Landkarten

- MICHELIN 501 Regional Großbritannien

1/400.000 (bin mit der Karte bestens zurecht gekommen)

- Great Britain Road Map Series

AZ SCOTLAND NORTH & SOUTH

1/316.800 (Karte ist sehr detailliert, aber groß und unhandlich, keine Campingplätze eingetragen)

Internet-Links

**www.abenteuerschottland.de**

www.scotland.org

www.visitbritain.de

www.adac.de

www.dfds.de

## IV. Quellenverzeichnis und Reiseführer

- ADAC-Reiseführer Schottland (ISBN 978-3-89905-502-3)
- Reiseführer Schottland GAIA-Verlag 23192072
- SCHOTTLAND Highlightsverlag (ISBN 978-3-933385-29-1)
- Infomaterial Fremdenverkehrsamt Schottland (bestellbar unter visitscotland.com/de)
- Schottland Bildatlas DUMONT-Verlag (ISBN 978-3-7701-9294-6)
- SCHOTTLAND GEO-Special (ISBN 978-3-570-19921-3)
- Die obere Hälfte des Motorrades Motor Buch Verlag ISBN 978-3-613-03064-0)

Informationen aus diesen Quellen sind in den gesamten Text eingeflossen. Da viele der Fakten in mehreren Quellen zu finden sind, lässt sich nicht jedem Textteil eine bestimmte Quelle zuordnen.

**Eigene Notizen:**

Günter Wensky, Jahrgang 1962, stammt aus dem Südwesten Deutschlands. Seine Freizeitaktivitäten haben seit der Kindheit stets mit der Nähe zur Natur zu tun. Viele Tagesausflüge, Campingurlaube und mehrtägige Rad-, Wander- oder Kanutouren gingen dem Kauf des ersten Motorrades 2006 voraus. Doch mit jedem gefahrenen Kilometer brannte das Fernweh heißer in ihm, bis er sich zum 50. Geburtstag einen Traum erfüllte und seine erste echte Motorradreise unternahm. Sie führte ihn nach Schottland und ein Stück zu sich selbst...

tredition®

www.tredition.de

## Über tredition

Der tredition Verlag wurde 2006 in Hamburg gegründet. Seitdem hat tredition Hunderte von Büchern veröffentlicht. Autoren können in wenigen leichten Schritten print-Books, e-Books und audio-Books publizieren. Der Verlag hat das Ziel, die beste und fairste Veröffentlichungsmöglichkeit für Autoren zu bieten.

tredition wurde mit der Erkenntnis gegründet, dass nur etwa jedes 200. bei Verlagen eingereichte Manuskript veröffentlicht wird. Dabei hat jedes Buch seinen Markt, also seine Leser. tredition sorgt dafür, dass für jedes Buch die Leserschaft auch erreicht wird

Autoren können das einzigartige Literatur-Netzwerk von tredition nutzen. Hier bieten zahlreiche Literatur-Partner (das sind Lektoren, Übersetzer, Hörbuchsprecher und Illustratoren) ihre Dienstleistung an, um Manuskripte zu verbessern oder die Vielfalt zu erhöhen. Autoren vereinbaren unabhängig von tredition mit Literatur-Partnern die Konditionen ihrer Zusammenarbeit und können gemeinsam am Erfolg des Buches partizipieren.

Das gesamte Verlagsprogramm von tredition ist bei allen stationären Buchhandlungen und Online-Buchhändlern wie z. B. Amazon erhältlich. e-Books stehen bei den führenden Online-Portalen (z. B. iBookstore von Apple) zum Verkauf.

Seit 2009 bietet tredition sein Verlagskonzept auch als sogenanntes "White-Label" an. Das bedeutet, dass andere Personen oder Institutionen risikofrei und unkompliziert selbst zum Herausgeber von Büchern und Buchreihen unter eigener Marke werden können.

Mittlerweile zählen zahlreiche renommierte Unternehmen, Zeitschriften-, Zeitungs- und Buchverlage, Universitäten, Forschungseinrichtungen, Unternehmensberatungen zu den Kunden von tredition. Unter www.tredition-corporate.de bietet tredition vielfältige weitere Verlagsleistungen speziell für Geschäftskunden an.

tredition wurde mit mehreren Innovationspreisen ausgezeichnet, u. a. Webfuture Award und Innovationspreis der Buch-Digitale.

tredition ist Mitglied im Börsenverein des Deutschen Buchhandels.

Printed in Poland
by Amazon Fulfillment
Poland Sp. z o.o., Wrocław

16508782R00121